樂律

用心理學提升自我效率與健康

樂觀主義的力量

THE POWER OF OPTIMISM

從腦海到行動
打造平衡與自信

改變自我，提升心理素養
培養積極的心理習慣，保持心理平衡
探索廣闊的人生可能性，從容應對挑戰

在成長的旅途中找到方向，在困境中堅持信念
了解並接受真正的自己

陳國強——著

目錄

目 錄

目 錄

Part 10　以強大的自我迎接挑戰

目錄

前言

　　心理學於人生的意義究竟何在？其核心的意義在於幫助我們完善和超越自我，走向實現自我的人生巔峰。本書將豐富的心理學知識以通俗易懂、生動活潑的方式展現在讀者的面前，讓讀者在輕鬆愉快的閱讀體驗中汲取心理學的營養，重新審視過往的人生旅途，並以新的眼光展望未來，塑造一個內心強大的自我，以更加積極的姿態面對人生。

　　改變人生從改變自我開始，而改變自我的前提就是了解自我，做到內心強大。現實是，許多人一直在故作堅強的外表下苦苦支撐，小心翼翼地掩蓋內心的脆弱。心理學告訴我們：內心強大才是真正的強大。當不再患得患失，不再以故作姿態的炫耀補償內心的自卑，呈現真實的自己，我們才能真正強大起來。

　　一個內心強大，能夠主導自己命運的人，一定是一個情緒管理的高手。他不會輕易生氣，因為一生氣你就輸了；他不會頭腦衝動，因為衝動是魔鬼；他不會心懷嫉妒，因為嫉妒是心靈的毒藥；他也不會在焦慮不安、自怨自艾中玩自虐，讓人生陷入泥沼中無法自拔。

　　能夠贏得人生的人必須具備強大的環境適應力。他明察秋

毫，重視細節，並能從細節中看穿人心；他不會像一介莽夫那樣露出馬腳，更懂得一張一弛、剛柔並濟才是王道；他不會一廂情願地做英雄，選擇一個人去戰鬥，而是端正自己的位置，依靠集體的力量來實現自己的人生目標。

凡此種種，作者將心理學知識與人生哲理以優美流暢的文筆娓娓道來，讓讀者在一則則富有趣味的小故事中感悟人生，接受心理學的啟迪。

Part 1
改變自我從了解自我開始

　　一生當中，和我們打交道最多的那個人就是自己，往往我們最不了解的也是自己。

改變自我先要真正了解自我

從前，一座寺廟裡新來了一個小和尚，他態度誠懇地去拜見方丈，請求為寺裡做一些事情。方丈對小和尚說：「你先熟悉一下寺裡的眾僧吧！」

第二天，小和尚就認識了寺裡所有的僧人。他回到方丈那裡，請求方丈收留他，分配他一些事情做。方丈讓他去繼續認識眾僧。

三天後，小和尚志得意滿地來到方丈那裡，告訴方丈說：「我已經認識了寺裡上百名僧人，並且對他們的身世都有了了解。」方丈微微一笑，說：「還有一個人，你沒有認識，而且這個人對你十分重要。」

小和尚滿臉狐疑地走出方丈的房間，一個人一個人地詢問著，一間房一間房地尋找著。在陽光裡、在月光下，他都不斷地思索──那個人到底是誰呢？不知過了多少天，一頭霧水的小和尚在一口水井裡忽然看到自己的身影，他這才豁然省悟。

原來，他還沒有了解自己。

一生當中，和我們打交道最多的那個人就是自己，往往我們最不了解的也是自己。

當人生得意的時候，我們常常會被周圍的讚美和掌聲遮住

雙眼，高估自己，覺得自己很優秀，自身價值也好像瞬間提升了許多；當人生失意時，我們又常常將困境帶來的不順利都歸咎到自己身上，從而低估自己的能力，失去原本的自信心。

其實不管是得意時的驕傲，還是失意時的自卑，都將真實的自己和我們的視線隔離開，讓我們無法對自己做出正確的評價，更談不上修練內心的強大了。所以說，想要我們的內心強大的前提，就是要透澈地了解自己。

透澈地了解自己，也就是正確地認識自己，做一個理智的現實主義者，清楚自身的性格特點、人生理想、處事風格，包括一切優勢和劣勢。當我們清楚了自身的一切，還原了真實的自我，不誇張、不自大、不妄自尊大、不妄自菲薄，內心自然就會慢慢強大起來。

薛德立是一個性格堅強、做事強勢的部門經理。他進入公司三年來，始終以強勢的、近乎壓迫性的方式完成工作，在公司的決策會議上會為所在部門爭取更多的資源，也會用特別嚴苛的標準約束手下的員工。正是這樣讓他在同事之間備受非議，而具有強烈個人色彩的作風卻讓他一路平步青雲。

薛德立所有的下屬都是他親自挑選的，他特別不能忍受的就是男人身上的女性特質。因此，薛德立身邊清一色的都是血氣方剛的大男人，他們在談判桌上衝鋒陷陣，在客戶之間果斷決策，用強大的男性荷爾蒙征服著世界。

可是，強大的外表下面卻是一顆脆弱的內心。當一份傾盡部門所有人心血的活動策劃拿到高層會議時，薛德立滿心期待著，準備迎接勝利的歡呼。可是方案最終因為預算超支沒有通過。會後，薛德立大方地擁抱同事，安慰大家說：「這次不行，還有下次，我們再接再厲！」但是，沒有人會想到 —— 薛德立會在人群散去後，一個人躲在辦公室裡偷偷地流眼淚。哭過之後，他責備自己不夠堅強，內心不夠強大。隨後，他的態度變得更加堅定，手段也更加的強硬。

　　其實，薛德立的內心如同很多男人一樣。在傳統觀念裡，男人就是男人，男人有淚不輕彈，打落牙齒和血吞。薛德立的強勢和堅強，正是為了表現他作為男人的一面。他努力塑造自己強硬的形象，卻沒有意識到軟弱、沮喪也是他性格中的一部分。

　　作為一個完整的人，不管是男人還是女人，我們身上都會具有頑強、堅持的一面，也會具有軟弱、溫暖、理解的一面。如果一個人只認同自己其一，不認同其二，整個人格就會出現空缺，心理支撐也會很匱乏。

　　認識、了解自己的全部，是一個人一生的任務，同時也是內心強大的基礎。在我們逐漸深入地發現自己、挖掘潛力的時候，我們的思想、智慧就會有所提升，內心也會變得堅強，從而對人生擁有更強的控制力，對現實世界的變化會多一份淡定和從容。

拋開那些不切實際的想法

　　一位女性在她二十二歲放棄了國內優越的工作，去美國留學。十年後回國與丈夫一起創業，按照亞馬遜的模式創辦了一家網上書店。那時正值網際網路的高峰期，大約有幾百家和她一樣的公司，且規模都比她的大。當時的電子商務尚處在發展初期，個人在網上很少買東西，許多公司都是慘澹經營，一些支撐不下去的公司紛紛將目光轉移到其他的生意，而她則認定：「給顧客一份一份地賣他們所需要的東西，正是我想做的事情。」

　　就這樣，公司在營運十年期間幾乎不盈利，業界人士甚至戲謔調侃他們夫妻倆是「IT 勞動模範」，是「搬運工」。然而，十年的堅持換來了最終的成就。他們的公司從最初的一天幾個訂單發展成為全球最大的網路圖書音樂影像商城，並且成功上市。她就是知名購物網站的總裁。

　　她在接受採訪時被問到：「妳不自信的地方在哪兒？」這位總裁坦白地說：「長相。」

　　主持人有些驚詫於她的坦白，隨後接著問：「為什麼隨著年齡的增長，妳反而越來越自信，越有氣質和光芒了呢？」

　　她回答說：「自己接受自己，放棄那些不現實的想法，放棄成為自己不可能成為的人，全然接受自己的心態會使人變得更

平靜、更坦然。自己舒坦下來，沒有緊張和焦慮，別人也更容易和自己相處。人生和商場一樣，重在接受自己。」

　　面對不可改變的容貌，選擇坦然接受；面對自己認定的事業，用一股近乎執拗的精神堅持到底。這位總裁用她的人生經歷為我們詮釋了「捨得之道」，也為我們闡述了關於「放棄與堅守」的人生道理。

　　世界永遠都充滿著形形色色的誘惑。身分、地位、權利、金錢，是很多人的人生目標，同時也是很多人的人生夢魘。那些認清自身條件，充分發揮自身優勢並且持之以恆的人，最終收穫了事業的成就和人生的輝煌；那些帶著虛幻的夢想，奔波在徒勞的追逐中的人，到最後則可能兩手空空，一事無成。

　　箇中原因，不在於誰比誰更聰明、更富有、更有家庭背景，而在於誰能夠實事求是、客觀地了解自己，搞清楚自己是誰，能做什麼、不能做什麼，優勢在哪裡、限制在哪裡。在正確的、可實現的方向上，夢想才是夢想；如果一開始方向就搞錯了，夢想就只能變成空談，堅持也會變成徒勞。

　　強大的內心不是來自夢想的力量有多強大，而是來自夢想可實現的機會有多大。當能夠看透自身的優勢和限制，捨棄棉花糖般的夢幻，著眼於腳下的土地，將堅持和努力放在一個切實可行的夢想中時，我們才會鍛造出一顆強大的內心。

　　在美國，曾經有一個乘客遇到了一個快樂的司機。乘客特

別好奇，就問他：「你為什麼這麼快樂？難道是遇到好事了嗎？」司機回答說：「每一天都是好事啊！」

　　隨後，司機講述了他的故事。原來，這位司機曾經是理工大學的高材生，他當時的理想就是成為一名工程師，畢業之後進入汽車公司，讓人們開他設計的車。可惜，在大學二年級時，他在做實驗時儀器發生了故障，瞬間迸發的火焰燒傷了他的右眼。雖然手術非常成功，他也在兩年後恢復了視力，可是他卻再也不能用電腦製圖了。父母鼓勵他重新修讀課程，他卻選擇了回到家鄉當一名普通的計程車司機。「在休息日，我自己會設計、改裝一些車輛，還會開著它們到處遊玩，我感到非常快樂。」如今，他同樣是汽車方面的專家，當汽車公司準備製造新產品時，還會聘請他做顧問。

　　乘客問他：「你不覺得遺憾嗎？」「沒有什麼遺憾的，這不過是一個選擇而已。反正我是因為喜歡開車才去學汽車製造的，現在每天都開車，我已經實現了自己的理想。」

　　生活的快樂並非建立在宏大的夢想上，而是建立在每一天實在的生活上。工程師有工程師的快樂，司機也有司機的快樂。重要的是，當他從成為工程師的期待轉變為做司機的現實時，他看到的不是天與地的差別，而是理想實現方式的變化。坦然接受現實的條件，放棄已經不再可行的理想，不失為內心強大的有效途徑。

實際上，每個人都應該有理想，每個人也都應該看清理想和現實之間的距離。當我們發現理想無法實現，或者不夠現實時，果斷地放棄強過固執地堅持。捨棄不適合自己走的路，才能讓正確的那條路更加清楚。

真正的強大是內心強大

　　在職場上，很多在工作中做出出色成績的人會被稱讚說「能力不錯」「他是一個非常有才能的員工」。我們都知道，這個「能力」指的是一個人的工作能力，比如管理員工的能力、協調公司部門的能力、處理人事和人際關係的能力、應對突發事件的能力……但是，擁有了這些能力，就能夠成為內心強大的人嗎？答案是否定的。

　　工作上的成績、生活中的機遇、人生中的轉折之處，除了取決於我們的能力，還取決於另外一個重要的方面 —— 內在堅強。甚至可以說，即使一個人在各個方面都很優秀，唯獨在內在堅強上輸給了別人，那可能也意味著他徹底輸了。

　　有的職場達人可以輕鬆應對績效的考核、人事的爾虞我詐和殘酷的生存壓力，卻唯獨無法接受一次小小的失敗；有的專業人士能夠在研究的領域取得出色的成果，卻恐懼人際交往，

無法順利地適應社會生活。不得不說，他們同樣是強大的，不過是外部能力上的強大，而不是內在堅強的強大。

徐鶴是經濟學院的研究生，對經濟學大有熱情的他將全部的時間用在了學術研究上。皇天不負有心人，三年後，他的畢業論文發表在美國 The American Economic Review 雜誌上，受到師生和主管的嘉獎。

在畢業典禮上，作為畢業生代表的徐鶴需要到講臺上致辭，這可難為他了。生性慢熱的徐鶴可以在朋友間侃侃而談，也可以在老師面前大聲表達自己的學術想法，卻唯獨在面對陌生人時，總是緊張過度，驚慌失措。

當他站在演講臺上時，來自四面八方的掌聲一下子就嚇跑了已到嘴邊的開場白。驚慌中，徐鶴用顫抖的聲音說：「同學們，再見！」莫名其妙的老師和同學頓時面面相覷，繼而哄堂大笑。一陣冷場後，徐鶴沒有從驚慌轉為鎮靜，反而腦門上開始汗涔涔。昨天晚上背得滾瓜爛熟的內容也忘得所剩無幾了。

當徐鶴下意識地想要去口袋中拿演講稿時，卻發現掏出來的是幾張面紙。大概是出門的時候太急，不知怎的將面紙當講稿拿出來了。看著臺下竊竊私語的同學和老師，他甚至想找個地縫鑽進去。最後，他實在修無地自容，只好鞠個躬之後跑下了講臺。慌亂中，一抬腳又踢翻了講桌旁的水壺。

人的能力包括諸多方面，比如智力、操作能力、人際交往

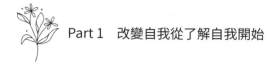

能力等，這些能力讓我們能夠更輕鬆地駕馭生活、改善生活，甚至像徐鶴那樣獲得學術上的肯定。然而，只有這些還是不夠的。在這個人與人的交往異常頻繁的社會，只有這些能力，或者單單在智力方面具有優勢而缺乏強大的內在堅強並不足以被視為強大。

眾所周知，但凡有所成就的人，或在某一領域的高人，除了高超的專業技巧，必定有泰山崩於前而不變色的內在堅強。心理上強大的人才能真正地自信、積極、主動爭取目標，從而激發自我的內在動力，促使自己改變自我，挖掘潛力，並且成為一個良性循環。

從小生長在孤兒院裡的毛毛常常自卑地對院長說：「我是個沒人要的孩子，沒有人會珍惜我的。」

院長笑笑沒有回答，取出一塊石頭讓男孩拿到市場上去賣。院長的條件是無論別人出多少錢，絕對不能賣。毛毛聽話地蹲在市場的角落裡，意外地發現有好多人對他的石頭感興趣，而且價錢越出越高。

一天過去了，毛毛高興地向院長報告：「竟然有人願意買我的石頭呢！」院長讓毛毛第二天繼續到市場去「賣石頭」。結果，有人開價比昨天高十倍。最後，院長讓毛毛拿到寶石市場去，結果竟然有人出價百倍。由於毛毛聽從院長的話，無論多高的價都堅持不賣，一塊石頭竟被傳揚為「稀世珍寶」。

回到孤兒院之後，院長對毛毛說：「其實你就和這塊石頭一樣，也是稀世珍寶。等你長大了，就會有人爭相來珍惜你的。」

簡單地說，不管一個人外表是強硬還是軟弱，內在堅強決定了一個人的生活。如果我們的心理足夠強大，就會用更積極的方式發揮身上的才能；反之，即使我們能力再強，心理不夠強大也是徒然。

接受現實，不再患得患失

有一個士兵在戰場上負傷，被送到了戰地醫院救治。他的喉嚨被砲彈的碎片擊中，後果如何還不知道。士兵急於知道自己的病情，可是又無法開口說話，於是他寫了一張紙條給醫生：「醫生，我會死嗎？」醫生肯定地回答：「你不會死！」士兵又寫了一張紙條：「我還能開口講話嗎？」醫生再次給出了肯定的回答：「你當然會開口講話。」始終懸著的心終於放下了，士兵在紙條上寫道：「那我還有什麼好擔心的呢？」

當我們最關心、最在乎的問題都得到了想要的答案，還有什麼好擔心的呢？其實，每天行色匆匆的我們，在憂心忡忡地擔心失去這個，害怕得不到那個的時候，不妨問問自己：「已經擁有這麼多，那我還有什麼好擔心的？」

可以說，即使再不幸的人，生活也有幾成是好的，是令人感到開心快樂的。要想認清自己的現狀，就需要練習全面思維。當我們因為遺憾而自怨自艾時，不妨將視角放寬一些，看看自己正擁有的美好。

一個冒險家在太平洋上漂流了二十一天後成功獲救，當人們稱讚他的勇敢，為他的強大內心喝采時，他卻說：「這一次探險，我得到的最寶貴的經驗就是，你如果還有足夠的淡水可以喝，有足夠的食物可以吃，就不要抱怨任何事情。」

可惜，人類總是被貪婪的欲望矇蔽了雙眼，眼睛只看到遠方的目標，卻忘記了當下的現狀。當我們整天被父母嘮叨的時候，從來不會想，有的人根本沒有機會聽到父母的嘮叨。當我們因為與戀人的爭吵煩惱憂愁的時候，從來不會想，有的人沒有感受過愛情的甜蜜。當我們抱怨自己沒有鞋時，從來不會想，有人甚至沒有腳。如果一個沒有腳的人都能夠擁有強大的內心，樂觀向上地生活，那麼正常人還有什麼可抱怨的呢？

林正從工廠辭職後，回到家鄉開了一家雜貨店。店面雖然有些偏僻，但是也能吸引一些周邊的鄰居光顧。然而，林正並不是一個善於經營的人，賺到一點錢馬上就花掉，需要進貨的時候就束手無策了。因此，雜貨店慘澹經營半年後，不得不面對關門的命運。將店鋪關掉之後，林正不但賠掉了自己的積蓄，還欠了親戚一筆債務。

林正在家裡消沉了一段時間後，重新開始找工作。他沒有學歷，也沒有拿得出手的技術，除了在汽修廠裡的幾年汽車修理經驗，沒有任何求職優勢。屢次碰壁之後，林正身心疲憊，對未來的生活也失去了信心。

　　就在他再一次被拒絕，垂頭喪氣地走在大街上，回想著剛剛人事經理對他的說辭時，從身邊傳來了一聲叫喊：「嘿，小心前面！」林正一抬頭，仍然不可避免地撞到了電線桿上。等到頭頂上忽閃忽閃的星星散去之後，林正才瞧見聲音的來源——一個沒有雙腿坐在一個簡易的輪椅上，依靠一個槓桿原理做成的裝置前進的人。

　　「撞疼了吧，電線桿子也不是好欺負的！」那人停在路邊，看著林正還在揉他頭上的包。林正正要開口道謝，那人繼續說：「今天天氣不錯，不知道生意會如何？祝你好運，小夥子！」說完，他繼續扭動著不怎麼靈活的裝置，朝著前面的市場走去。他的箱子裡裝的是一個修鞋的機器，還有一些線和工具，林正猜測，他應該是靠修鞋為生的吧。

　　望著他漸漸走遠的背影，林正忽然覺得頭腦清醒了。「一個缺失了雙腿的人能夠活得開心而自信，我四肢健全，行動自由，為什麼要在這裡怨天尤人？」於是，林正挺起了胸膛，重新回到了人才市場。這一次，找不到工作他是不會回家的。

　　人生中最可悲的就是看不清自己和周圍的環境，整天嚮往

著天邊的空中花園，而不去欣賞開在窗前的玫瑰。如果每個人都能夠對現在自己所擁有的一切感到知足，認清了自己的現狀，悲觀如此，樂觀亦是如此，那麼，我還有什麼好擔心的呢？

虛榮的背後是自卑

週末和朋友閒聊，突然，他的手機響了，是一則簡訊。朋友看過後，笑著拿給我看，內容是：「我的電話你沒聽到嗎？」

朋友說：「公司的同事一直在約我，可是我一點都不想去 —— 真是沒辦法，女朋友對我愛得死去活來，天天吵著要結婚，我哪還有精力應酬這個？」聽起來像無奈的話，但是那神情、那口氣，分明是在炫耀。

隨後，他興致勃勃地找出另外幾封簡訊給我看，「中午一起吃飯吧，你有約嗎？」「週末別宅家裡了，出來玩啊。」我邊看邊讀出了簡訊的內容，朋友的臉上漸漸浮現出了滿足和自豪。好像這一刻，全天下的女人都愛他，而他從來不會留戀哪一個女人。

只有我知道，這一切不過是他自己編織的假象。

女友懷孕回家待產，全家都在逼婚，他一邊享受著僅剩的

自由生活，一邊為了孩子的奶粉錢拚命工作。找我出來，也是為了傾訴苦悶，排解壓力。唯一令我不解的是，熱鍋上的螞蟻竟然還有唱歌的心情？

有人曾經說過：「一個人炫耀什麼，說明內心缺少什麼。」事實或許真是這樣。

喜愛炫耀的人並非天生如此，而是在後天環境中慢慢養成的。他可能是從小在貧困的環境下長大，才會將獲得金錢看得那麼重要；他可能一直沒有受到他人的肯定，才會為了一時的嘉獎如此雀躍；他可能多年弱小，才會在突然強大一次之後忍不住向天下人宣告。

當一個人誇大自己的成功，賣弄自己的能力，向朋友吹噓自己認識的顯貴時，不過是將能力、權力和金錢作為華麗的外衣，盡力掩蓋著內心那個膽小的、沒有安全感的、自卑的自己。驕傲的孔雀在別人眼裡一定是美麗的，但是只有孔雀自己知道，拔掉了美麗的羽毛之後，牠不過是一隻火雞。

很簡單，任何人都沒有多麼特別，一個人藉以炫耀的資本在他人看來可能也沒什麼特別。整天喊著「搖滾精神」的樂迷嘲笑著聽流行音樂的粉絲，他自己可能從來沒買過一張正版搖滾CD；向朋友兜售西方文明的學者在同行裡顯得博古通今，他也可能從來未踏足過歐洲的土地。一切炫耀的行為，一方面是認知上的錯覺，另一方面則是心理軟弱的真實映照。

每一年的同學聚會，王林都西裝革履，拿出接見外賓的架勢盛裝出席。同學們知道，自從他從公司辭職，下海經商之後，打滾了十幾年，的確賺到了不少。如今，他家住豪宅，腰纏萬貫，說起話來也顯得很有氣勢。

　　同學們一坐下，王林便呼喊著服務生點餐。菜單送上來後，他一邊數落著飯店的料理品項單一，一邊向同學講述著他曾經吃過的各種餐廳。「這個月分的海鮮不能吃，前幾天我和王局長吃完就拉肚子了。」「跟廚師囑咐下，那個酸菜魚下鍋時間可不能長，魚肉老了就不鮮。」「回頭再聚還得去五星級酒店，這種小店多沒勁。」

　　半個小時後，王林點完了菜，便一一和同學們交流近期的狀況。與其說交流感情，不如說是他在做個人成就的彙報演講。同學們陪著笑臉，順便聯想起他早年的生活糗事，「打壓打壓」他過於囂張的氣焰。

　　其實，說起來王林的學生時代，誰都無法聯想到今天這個財大氣粗的王林。中學時，王林特別瘦小，經常有人欺負他。由於個子小，他從來不和男生一起打籃球，也不會主動參與體育活動。整個中學時代，別人看書的時候，他在看書；別人玩的時候，他在看書；別人談戀愛的時候，他還在看書。

　　可惜陰差陽錯，其他同學紛紛考入了大學，他卻被分配到農機廠上班，從此遠離校園。比同學早步入社會的他，深深感

到自己與他人之間的差距，於是在工作之餘繼續看書，自學成才，最後辭掉工作，投身商海。

看著王林每次在聚會獨挑大梁，兼任組織者和發言人，還不忘記帶給大家感人的勵志故事，班長總是會調侃他說：「在學校的時候，一天天地聽不見你說話，這下好了，同學聚會幫你補回來了。」

其實，每個人心底都有自卑感，所以每個人都有炫耀的欲望。即使是滅掉了大秦國的項羽仍舊有「富貴當還鄉」的想法，更不用說我們普通人了。不過，我們也需要明白，努力奮鬥的最終動力並非贏得他人的喝采，炫耀本身也不能讓自卑的內心變得自信而強大。

亦舒在《圓舞》中曾經寫過：「真正有氣質的淑女，從不炫耀她所擁有的一切，她不告訴人她讀過什麼書，去過什麼地方，有多少件衣服，買過什麼珠寶，因為她沒有自卑感。」一個人沒有什麼，他往往就會貶斥什麼，或者相反，刻意誇大什麼。所以說，當一個女人炫耀身上的名牌和珠寶時，可以想像她曾經的寒酸相；當一個男人炫耀他的財力和女人緣時，可以想見他深藏內心的虛弱本質。

最清楚自己的人還是自己。那些透過吹牛來掩蓋內心自卑的人，並非真正的強者。懷有多少才，自己知道，時間長了，別人也會知道，並非要靠炫耀和吹噓維持。一個真正有能力的人，他

們往往會藏得很深，而不是將內心的所有暴露在膚淺的表面上。他們將高傲藏在骨子裡，因為他們知道，低調才是最大的炫耀。

展示那個真實的自我

在心理學上，本我即 ID，代表人類本性中最原始的欲望衝動，是需要超我壓制，自我調節的一個人格部分。不過，這裡說到的「還原本我」，並非勸說大家放下社會的道德和法律約束，去追求原始的欲望。本我，通俗來講就是真實的那個我，是去掉包裝、去掉虛偽裝飾的真實存在。還原本我，也就是尊重自我的真實存在，去體驗一種無須做作、沒有虛偽的輕鬆生活。

然而，還原本我談何容易。人處在紛雜的社會裡，戰爭年代疲於奔命，追求和平和自保；發展年代，則追求物質富足和社會地位。生命的最初是一張白紙，到人間轉一圈，難免會沾染上各種顏色。

有的人開始按照他人的方式奮鬥；有的人按照他人的標準生活；有的人在生活中，一刻都不能離開別人的眼光，好像街邊的玻璃櫥窗一樣，將自己的生活事無鉅細地展示在他人面前，供人消遣，任人評論。實際上，展示就代表被他人左右，在乎他人的眼光和意見，無法擺脫他人評論的影響。

從前，有一個耄耋老人，他留了一尺多長的雪白鬍子，每個人見到他都誇他的鬍子好看，老人自己也覺得很得意。

　　有一天，老人在門口散步，鄰居家的小男孩好奇地問他：「老爺爺，您這麼長的鬍子，晚上睡覺的時候，是把它放在被子裡面呢，還是放在被子外面？」老人從來都沒有考慮過這個問題，一時答不上來。

　　到了晚上，老人躺在床上一直在思考小男孩的問題。到底是把鬍子放在裡面呢，還是放在外面呢？於是，他先把鬍子放在了被子的外面，過了一會兒覺得不舒服，他又把鬍子放回到被子裡面，可是還是一樣的彆扭，隨後，他就把鬍子又放到被子外面。就這樣，裡面、外面、裡面、外面，老人折騰了很久，還是怎樣都不舒服。老人很納悶，禁不住問自己：「以前睡覺的時候，我把鬍子放在哪裡的呢？」結果，老人失眠了。

　　第二天，老人出去又碰到了鄰居家的小男孩，老人生氣地說：「都怪你，問我個沒頭沒腦的問題，害得我昨晚一夜沒睡。」

　　生活中有很多這樣的現象。別人無意間的一句話、無意間的一個眼神、無意間的一個動作，都會讓我們難以釋懷，心中久久不能平靜。更有甚者，看著他人都在嚮往國外，自己也開始學英語，準備出國；看到他人換了新房子，趕緊拉著家人看房地產。即使是內心純粹的藝術家、修行大師，也難免活在他人的影響下，丟失了內心的平衡。

日本京碧寺的山門上有一塊匾額，匾額上題有「第一議諦」四個大字。這四個字是兩百多年前，由洪川大師親筆寫上去的。後人在景仰洪川大師的書法時，一定不會想到，為了寫好這四個字，洪川大師寫了八十五遍。

　　洪川大師是一個嚴肅認真、追求完美的人，他每寫一字，都要精心構思，反覆揣摩，直到每一個細節都完美才罷休。在他的影響下，他的弟子也是有過之而無不及。當時，為洪川大師磨墨的弟子就是一個十分挑剔又直言不諱的人。大師的每一勾，每一捺，只要有一點點瑕疵，他都會直接指出來。

　　洪川大師寫了幾幅以後，弟子批評說：「這幅寫得不好。」「那這一幅呢？」弟子搖頭說：「更糟，比剛才那幅還差。」大半天過去，洪川大師耐著性子一連寫了八十四幅字，都沒有得到弟子的認可。

　　後來，磨墨的弟子去上廁所，大師終於鬆了一口氣，趁著心中沒有羈絆，趕緊寫下了第八十五幅。當弟子回來後，看到這幅字，禁不住蹺起大拇指讚嘆道：「神品！」

　　人類都是群居生活，在得到同伴幫助的同時，難免受到同伴的影響。受影響的深淺來自個體差異，但是大可不必因為他人的意見改變自己的初衷，更不需要將自己的生活做成櫥窗，展示在他人面前。

　　我們的身體是自己的，生命是自己的，靈魂是自己的，人

生也是自己的。既然都是自己的，就應該活給自己看。想做的事就認真去做，不喜歡的食物大可不吃，沒有什麼樣的生活標準是必須堅守的，也沒有什麼樣的人生道路是既定安排好了的。

正如三毛的生活宣言：「我不吃油膩的東西，我不過飽，這使我的身體清潔。我不做不可及的夢，這使我的睡眠安恬。我不穿高跟鞋折磨我的腳，這使我的步伐更加悠閒安穩。我不跟潮流走，我不恥於活動四肢，我避開無事時過分熱絡的友誼，我不多說無謂的閒言，我盡可能不去緬懷往事，我用心地去愛別人……我不求深刻，只求簡單。」

縱使我們這些普通人沒有三毛那般「走自己的路，讓別人說去吧」的灑脫，至少能夠在熱鬧的喧囂後，還原本我，過一種腳踏實地的生活。生命的過程在於內心的豐盈，而不在於外在的擁有。作為人生海洋中赤裸裸的泅渡者，無法抗擊命運的驚濤駭浪，至少能用一顆純粹的心守住真實的自我。

以人為鏡，映照潛在的自我

人怎樣才能看清楚自己呢？什麼方式可以讓人看清楚自己呢？最好的方法，就是照鏡子。當鏡子尚未問世之前，人類透過湖泊、河流、井口的倒映來得知自己的容貌。當鏡子從銅

鏡、鋁鏡發展到玻璃鏡後，認識自己的容貌早已不是難事了。稍微自戀的人，更會每天在鏡子前欣賞自己的容貌，為上帝的這一「佳作」不住地感嘆。

可是，照鏡子能夠讓人們更加了解自己嗎？當然可以，因為人與人的交往，就如同是照鏡子。有的鏡子水銀厚度不一，因此變成了哈哈鏡，照了之後，模糊了映象，卻讓我們歡天喜地，心情舒暢；有的鏡子清晰異常，照得見每一寸毛孔，每一顆黑頭，照得自己都毛骨悚然。當然，也有魔法鏡、照妖鏡，照出人性的醜惡和凶狠。

唐太宗說：「以銅為鏡，可以正衣冠；以史為鏡，可以知興替；以人為鏡，可以明是非。」每個人都是我們的鏡子，每個人都能夠照出我們內心中潛藏的部分。在樂天、開朗、無憂無慮的朋友身上，也許無法得到生活的啟迪，卻可以保證笑聲不斷；在嚴謹、認真、頭腦清醒的朋友身上，會照出我們的不足和缺失……經過了一面一面鏡子的映照，我們才會對自己有一個更加清晰的了解，才會發掘出潛藏在內心深處的人格。

有三個女人同時在車禍中喪生。當她們一起來到天堂之後，天使告訴她們說：「天堂裡有一個規矩，就是永遠不要踩到鴨子。」三個人對這一規定都感到很奇怪，不過她們還是聽眾天使的告誡，謹小慎微地活動，千方百計地躲避著腳下的鴨子。

不知為何，天堂裡的鴨子異常地多，幾乎多到無處落腳的

地步，無論怎樣躲避還是會踩到。不久，其中一個女人就不小心踩到了一隻。

踩到鴨子後，天使立即帶著這個女人來到了一個男人面前。那是她從來沒有見過的、相貌極其醜陋的一個男人。天使告訴她說：「作為你踩到鴨子的懲罰，你要永遠和這個男人拴在一起。」

過了兩天，又有一個女人踩到了鴨子。這時，天使又出現了，同樣把女人帶到一個她不認識而且相貌醜陋的男人身邊，按照規定，把女人和這個男人拴在一起。

看到了前兩個人的遭遇，剩下的最後一個女人終於知道踩到鴨子的後果了。於是，她整天都是萬分小心，仔細地躲避著腳邊的每一隻鴨子。

在她平安地度過了幾個月之後，天使來到了她的身邊。在她還沒搞清楚狀況的時候，天使就把她和一個身材高大、長相俊美的男人拴在了一起。天使離開後，女人十分納悶地問身邊的美男子說：「為什麼我要和你永遠拴在一起呢？」男人苦著一張臉，說：「我昨天來到天堂，剛剛不小心踩到了一隻鴨子。」

這個故事看起來像一個笑話，卻也很好地證實了「他人即鏡子」的道理。當我們總是覺得生活不如意，或者內心不夠強大時，正是因為我們尚且沒有看清自己，不夠了解自己。對於那些整天抱怨自己出身貧寒、外部環境惡劣和社會不公平的人來

說，在他人身上看到另一面的自己，是恢復清醒的當頭棒喝，也是重新定位自己的絕佳機會。

　　程先生結婚五年，覺得自己的老婆越來越懶惰、越來越自私，脾氣還一天比一天暴躁。從前乖巧可人的妻子不見了，變成了一個氣勢逼人、邋遢散漫的母夜叉。為此，他們吵架、冷戰、分居，直到最後他在外面另結新歡，兩人終於走到離婚的地步。

　　因為沒有孩子，兩人分手也算簡單。財產分割完畢，從此便分道揚鑣。前妻很快再嫁，程先生也順利地將情人變成了妻子。好景不長，當戀愛的溫情消磨在生活瑣事之中，家裡又恢復了以往的氣氛。妻子整天往外面跑，飯不做，衣服不洗，屋子也不收拾，於是他們又開始三天兩頭地吵架。

　　程先生常常覺得自己命運不濟，娶了兩個老婆，一個不如一個，想過一天舒心的日子都難。每天唉聲嘆氣的生活消磨了人的精神，眼看著婚姻又走到了破碎的邊緣。直到有一天，程先生在飯局上遇到了前妻的丈夫。兩個男人原本不熟，身分上又顯得尷尬，幾杯酒下肚後，他終於忍不住，詢問前妻現在的狀況。程先生原本期待他能吐吐槽，抱怨一下慘淡的婚姻生活，沒想到他說：「我挺幸運的，娶到了這麼一個好女人。她落落大方，溫柔體貼，還燒得一手好菜，對待父母更是盡心盡力。如今這社會，這樣的女人不多了。」

他心想：「早就猜到你不會說實話，她如果真那麼好，我也不至於離婚了。」不久之後，程先生自己證實了前妻丈夫的說法。在超市購物時，少臣遠遠地看到前妻和丈夫一起買菜。前妻挽著丈夫的手臂，兩人輕聲地商量、挑選，沒有劍拔弩張，也沒有咄咄逼人，幸福就寫在兩個人的臉上。少臣想到了自己一成不變的慘澹生活，幡然醒悟：「難道，問題出在我身上？」

Part 1　改變自我從了解自我開始

Part 2
好的心理習慣改變自我

　　好的習慣會讓我們受益終身，壞的習慣會帶來諸多負面的影響，甚至拖累我們終身。相比行為上的習慣，心理上的習慣影響更為嚴重。

開動腦筋，改變生活

　　從小到大，我們從老師、同學和父母那裡習得了很多習慣，也在不同的社會活動中養成了許多習慣。無論是行為上的習慣，還是心理上的習慣，都將滲入生活中的每一個角落，成為我們生命的組成部分。

　　好的習慣會讓我們受益終身，壞的習慣會帶來諸多負面的影響，甚至拖累我們終身。相比行為上的習慣，心理上的習慣影響更為嚴重。畢竟心有所想，才能行有所為。我們的一切行動都是在心理意識的驅動下進行的，因此，養成心理上的好習慣就成為左右生活品質的重要一步。

　　勤於思考，是一個非常難得的心理習慣。因為在人類的本性中，有一種本能的惰性。大多數人會不自覺地認同動物性的習慣，待在安逸的環境中，物質富足，生活溫飽，過一種吃了睡、睡了吃的生活。勤於思考，是對這種原始生活方式的反向心理。

　　當人類從原始社會走向文明社會之後，社會生活需要更多的發明和創造，也時刻需要新思想的迸發，而這些創新的來源、未來的走向，正是勤於思考的結果。年輕人每天都在期盼未來、在幻想自己的美好人生，但美好的未來不會主動走過來，也不會在幾十年後自行現身。它需要我們基於未來的思考，基

於現狀的行動。未來是想出來的，做出來的，而不是等出來的。

當張宇從一個業務員成功晉升為老闆時，他的成功祕訣就是勤於思考。當他每天提著吸塵器樣品，穿梭在富人區的別墅時，他總是習慣性地多問自己幾個為什麼。在他抬手按響客戶家的門鈴前，他一定會先喝一杯咖啡，擦亮自己的皮鞋，檢查一下儀表是否妥當，再複習一遍專業的說辭。當徹底地靜下心來時，他會思考最後一個問題 —— 我該如何表現自己？

正是基於這樣的習慣，張宇獲得了非常出色的業務成績。除了謙遜、耐心地應對客戶提出的各種問題外，還給客戶留下一種專業、親和、有說服力的形象，最後，他推銷出了很多產品。

當他開始組織自己的銷售團隊時，培訓員工的第一課他如是講道：「行動之前，無論是面對多麼重要的目標，都要給自己留思考的時間。多對自己發問，我們只有不斷地向自己提問，養成一個勤於思考的習慣，才能發現問題，解決問題。只有這樣，我們才能在將來的發展中，更好地解決問題。」

韓愈說：「業精於勤荒於嬉，行成於思毀於隨。」偉大的發明家愛迪生說：「我一直在做的事情就是想、想、想……」可見，勤於思考的習慣是多麼重要。哪怕是面對生活中司空見慣的事物或現象，都不妨在心裡問一下：「為什麼這樣？」然後帶著打破砂鍋問到底的態度，將每件平凡小事背後的真理弄清楚。

曾經有一位傳教的神父，當他來到一處偏僻的鄉村時，他

看到了村民生活的疾苦，覺得感同身受。他想透過自己的努力來改變這一切，於是他一邊宣揚上帝的慈愛，一邊改善當地教友的生活。

當神父看到女教友梳落的頭髮時，不禁和家鄉的場景連繫起來。在工業革命之後，神父的家鄉開設了許多工廠。工廠中有很多女工，當她們進入工廠工作時，都會帶上一個髮網。那種髮網是用真人的頭髮編成的，主要作用是避免女工的頭髮捲入機器。時間久了，髮網發展出各式各樣的形式，演變成工廠女工的一種裝飾品。

他想，如果讓教友將這些掉落的頭髮收集起來，然後織成髮網銷售到家鄉的工廠區，不是正好改善了當地村民的貧苦生活嗎？於是，神父在傳教時，都會耐心地囑咐當地的女教友，讓她們在梳頭時，將掉落的頭髮收集起來。同時，他還聯繫了做髮網生意的商人，讓他們拿些生活用品，比如針線、火柴去和那些婦女交換頭髮。然後，商人再將零碎的頭髮進行加工，編織成髮網，銷售出去。

經過神父不懈的努力，他的計畫終於實現了。不僅讓商人賺到了錢，還幫助當地的鄉村的窮苦人家改善了生活。

其實，每個人都是有思想、有想法的人。生活的每一個層面都受到思想的控制，可以說，如果改變了一個人的思想品質，也就是改變了一個人的心理品質和生活品質。建立強大的

內心，需要勤於思考的頭腦，創造美好的生活，同樣需要勤於思考的頭腦。當我們用思考改變了自己原有的想法，同時也會改變我們的生活。

麥當勞的創始人克洛克，他工作的大部分時間都在思考問題。當然，他不是每天坐在辦公室裡，盯著天花板思考，而是親自到公司的各個部門、各個角落，去看，去聽，去尋找問題。

有一段時間，公司的收益特別糟糕，馬上就要進入嚴重虧損的階段。克洛克開始思考導致這一局面的重要原因。長時間的觀察後，他發現公司各個部門的經理都非常懶惰，還一副高高在上的樣子，不喜歡親自投入到工作中，而是躺在舒適的椅背上對下屬指手畫腳。

克洛克思考一陣之後，想出了改善情況的方法。他下令將所有部門經理的椅背撤掉。決定一出，公司上下一片譁然，有的人甚至認為克洛克是不是瘋了。時間一久，大家才發現，這是克洛克用心良苦的決定。各個部門的經理都不再坐在辦公室裡聽報告，而是深入每一家店面，和最普通的服務員一起解決現場的問題。最後，公司的經營局面大幅改觀，營業額也開始急速回升。而這一切，都是一個思考的大腦創造出來的。

在閱讀中完成心靈修練

　　猶太人一向注重教育，尊重知識，熱愛書籍。猶太人的學校曾經有一個古老的傳統，就是給剛入學的新生上一堂「熱愛書籍」的課。

　　新生在第一次聽課時，都會穿著新衣服進入教室。教室裡，有一塊乾淨的石板，石板上有幾行用蜂蜜寫下的希伯來字母和《聖經》裡的片段。老師會讓學生先誦讀句子，然後舔掉石板上的蜂蜜。除此之外，在學生讀書的時候，還會發放蛋糕、蘋果和核桃。所有的一切，都是為了讓學生形成一個最初的信念：知識等同於美味的食物。

　　如今，這種古老的傳統已經被新的形式取代，但其中蘊含的觀念卻從來沒有改變 —— 讀書是甜蜜的。

　　讀書是一件很好的事。讀書的好處不僅在於能夠增長我們的知識，還能讓原本浮躁的心沉澱下來，從書中體會大千世界的快樂。任何人即使已經在人生中有所收穫，都應當時刻努力精進，保持讀書的熱忱，而不可懈怠、懶惰。

　　有人把讀書稱為第二生活，足見其重要性。讀一本好書，不僅讓我們看到了一個故事、一種思想，而且還讓我們經歷從來沒有經歷過的生活，體驗到我們不曾體驗到的情感，在文字的世界裡，看到世界的博大和豐富。

人的一生畢竟是有限的，直接向別人學習的經驗也是有限的，短短幾十年的時間，經歷了生老病死之後，能夠用來認真生活、審視自我的時間並不多。但是，透過讀書間接向別人學習則是趨於無窮的。讀書能夠讓人穿越時空、突破極限，去走更多的路，見更多的人，感受別樣的生活。

　　可以說，一個人的人格發展過程，對映的就是他個人的閱讀史。一個人的內心想法，是空洞，是飽滿，是淺薄，是深厚，都可以從他的閱讀中看出一二。我們可以想像，一個人見到書就會安靜下來，忘掉生活中的煩惱和憂愁；當他翻開書本，就像開啟了一扇世界之窗，從此他的眼睛可以看到更廣闊的遠方，他的大腦會承載更多的賢良和德行，他的內心也會變得寬廣而強。這是一種習慣，更是一種修行。

　　姓「虎」的人非常稀少，不過，卻有這樣一個眾所周知的姓虎的人。在朋友圈中，大家喜歡叫他老虎。不過，這隻老虎沒有到處撲咬，尋找食物，而是將滿腔的熱情，都撲到了讀書這件事上。

　　虎先生愛好廣泛，對音樂、電影、文學都有涉獵，不過，最先為他開啟世界之門的還是書籍。當年從大學畢業後，他逃離了安穩卻充滿束縛的工作，隻身來到北部，成為北漂一族。在朋友的推薦下，他知道了一部熱門小說。於是，他開始瘋狂地看起書來。當時，他是借閱圖書館的書，只能在館內看，不能帶走。於是，他一大早就起床衝到圖書館，然後在裡面不吃

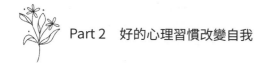

不喝一整天,直到把小說讀完。衝動之下甚至想要去見作者,可惜最後沒能成行。

雖然工作、事業幾經變換,他卻從來沒有改變閱讀的習慣。直到從電視臺辭職,虎先生終於創辦了一個致力於圖書推介和出版的機構。除了為當地的民間作家提供圖書出版的機會,他還倡導了當地的文化節,希望更多的人能夠從喧囂的時代大潮中沉靜下來,透過文學尋找到自己的心靈家園。

作為一個文化機構的老闆,虎先生更願意稱自己是一個文化人,喜歡讀書、玩音樂、看電影。他說:「讀書,並不是想要證明什麼,只要一直讀下去,就可以讓自己的內心變得平衡,變得強大起來。」

終日忙碌應酬、閒聊、杯酒相迎的人,不妨嘗試走入書中的世界,每天讀一篇文章,每月讀一本書,用知識和思想填補內心的空虛,在文字中尋找心靈的依託;個性懦弱、弱小者,悲觀厭世的人,同樣可以走入書中的世界,當你見到這世間、這歷史上眾多不公的命運,數不清的無言苦難時,便可看穿人生,讓自己從內而外地強大起來。

哲人說過,閱讀讓人遠離世界,又讓人重新找到世界。不讀書的人,他的生命如同一片沙漠,徒留一片荒蕪。將閱讀與生活相伴,是一種智慧的選擇,是重新培養身心的重要轉折。修行甚高的法師尚且終日誦讀經典,我們又當如何呢?

正確歸因，保持心理平衡

在眾多年輕人紛紛逃離北部的時候，小敏也加入了逃離的大軍。不僅是因為高房價、激烈的職場競爭，還因「無法融入都市生活」的感覺。

小敏從美容美髮學院畢業後來到北部，工作幾經波折，卻從來沒有自己真的生活在北部的感受。她沒有正規學歷，僅憑著理髮的手藝，在不同等級的髮廊之間遊走。工作了三年後，她依舊只是和幾個老鄉交往，生活圈子限制在住所和髮廊之間，從來沒有機會好好地領略一下這個大城市。心生厭倦之後，她決定回老家，享受「順風順水」的生活。

可是，真的回到了家鄉，卻發現自己已經完全無法適應家鄉生活。儘管親戚都在身邊，生活上有了很多照應。但是她的工作地依舊是在髮廊，每個月拿著一萬塊錢的薪資，還要忍受街道、社區髒亂的環境。不到一年，她又重新回到北部，繼續北漂的生活。

與小敏經歷相似，大建也有過逃離的經歷。他唸了三年的半吊子大學什麼都沒學到。後來經朋友介紹，他來到北部開始做商品直銷。與侃侃而談的同事不同的是，他整天悶聲悶氣，培訓課上不主動發言，聯繫客戶的時候也總是向後退。

兩年下來，他常常都是入不敷出，有時候甚至需要父母的

薪資貼補生活。原本自信心不足的大建，陷入了自我否定的境地。他想：「這地方都是有能力的人待的，我能力不足，根本就不應該來這裡工作。」當同事過來安慰他說：「大家都看到了你的努力，可能是你最近運氣差了點。」大建則反駁說：「我什麼事都做不好，根本沒辦法和你們比嘛，落後也是正常的。」

就這樣，兩年後，大建逃回了老家。可是，是繼續從事業務的工作，還是重新開始？他自己也沒有了答案。

比較小敏和大建兩人，我們可以看到，他們完全是用兩種不同的方式思考。小敏將所有的責任都推到外界環境的身上，遇到問題總想透過改變環境來解決，屬於外部歸因；大建則認為工作做不好完全是自己的能力問題，即使變換環境，對自己依舊沒有信心，屬於典型的內部歸因。

我們在生活中的境遇，難免有時順利，有時波折。當遇到挫折和困境時，有的人會將所有責任都推給他人或者歸結於環境因素，有的人則完全從自身找原因，將失敗歸結於自己的能力不夠，或者勇氣不足。

認清真相，就是要學會正確的歸因分析。將一件事的正面和反面、可控的一面和不可控的一面都分析清楚，對環境因素和個人因素都有一個中肯的評價。這樣一來，我們才不至於過分盲目，看不清周圍的環境，也不至於過分自責，澆滅了我們的自信心。

一天，元元到超市去買可樂，不巧的是，剛好給她結帳的機器出了故障，將她二十塊的可樂算成了四十塊。元元走出超市，喝完可樂才發現手裡的零錢不對。於是，她回到超市找剛才那位收銀員，想要回多收的那部分錢。

當收銀員要求她出示購物發票時，元元才想起來，她一出門就把發票扔垃圾桶裡了，根本找不回來。於是元元說：「我才出去十分鐘，你不能就這麼賴帳吧。剛才明明就是在你這裡結帳的呀！」

收銀員說：「你沒有購物發票，我沒辦法給你退錢。」

爭執之中，兩人吵了起來。隨後，元元投訴到客服經理處，道出了原委，客服經理為了平息事態，給元元辦了退款。

雖然要回了錢，可是元元心裡還是不痛快。「我在乎的是那幾塊錢嗎？是你們的服務態度！誰還能為了四十塊，跟你在這裡耗半天時間啊？我有那麼閒嗎？」一路上元元嘰嘰歪歪地自言自語，帶著找回來的四十塊回到了家。

一坐下來，她忽然就想通了。收銀員每天站在那裡結帳，十分鐘會接待很多人，她根本不可能記住。而自己要求退錢的預期心理，就是認為收銀員一定會記住自己的臉。她們想的東西是不一樣的，所以才會在交涉的過程中造成分歧。想明白了這層關係之後，元元不再生那個收銀員的氣了，甚至為自己說出那麼多傷人的話感到有點難為情。

在每個人的成長過程中，挫折和成就總是相伴而行的。在遭遇失敗時，我們應當先想想到底是什麼樣的原因導致了這樣的結果。如果是可控的因素多，比如自身的狀態不佳，缺乏朋友的支持，那麼不用擔心，只需要吸取教訓，下次繼續努力就行了。如果是不可控的因素多，比如家庭環境、出身背景這些無法改變的事實，這時，我們就需要調適好自己的心態，從容地接受不可更改的事情。

當我們能夠分清楚內因和外因的作用時，就可以平和地接受外界環境的變化，而不是整天怨天尤人，更不會終日自怨自艾了。

喚醒我們沉睡的想像力

有這樣一個問題：有一對雙胞胎姐妹，姐姐在父親的葬禮上遇到了一個英俊的男子，回到家後，姐姐把妹妹殺了。你知道姐姐為什麼要殺死妹妹嗎？

還有一個問題：一個人坐火車去另外一個城市看病，治療了一段時間後，病痊癒了。他坐在回家的火車裡，突然就跳車自殺了。你知道這個人為什麼會自殺嗎？

當你開始動腦筋，在頭腦中想像著千百種可能時，是否有

想過，姐姐的謀殺是因為怨恨妹妹包庇了殺害父親的凶手，而那個乘坐火車去治病的人原本是一個殺人犯，他是為了逃避警察的追捕而自殺的？

在自嘆自己想像力極度匱乏之前，我們不如先看看這樣一個故事。

一群幼稚園的孩子看到了花園裡盛開的向日葵，開始討論向日葵為什麼會開花。第一個孩子說：「她睡醒了，想看看太陽。」「不對不對，她伸伸懶腰，就把花朵頂開了。」第二個孩子說。這時，第三個孩子跑出來說：「其實，她是想和我們比一比，看誰穿得更漂亮。」

幾個人爭論了一陣後，其中一個孩子跑過去問老師：「老師，老師，您說向日葵為什麼會開花啊？」老師想也沒想，對孩子們說：「向日葵開花，原因很簡單，就是因為夏天來了。」

老師並沒有說錯，正是因為天氣漸漸變熱，向日葵才開花的，她不過在告訴孩子們一個普遍的真理。然而遺憾的是，隨著時間的推移，孩子們對美好的想像不再感興趣，而是習慣性地尋找事物背後的真實原因。

很無奈，我們的想像力就這樣被扼殺在課堂上，扼殺在簡單的真理傳授之下。當我們從學校出來之後，對世界的萬物都失去了最原始的好奇心和美好的想像。當我們全身心地致力於尋找真相，尋找條理清晰的事實時，對事物本能的愛和關懷的

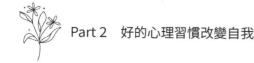

缺乏，削弱了我們的內心力量，讓我們變得僵硬而麻木。

　　不過，我們也不用如此悲觀。因為，想像力是每個人天生的本能。莎士比亞早已斷定，人和動物的區別，就在於想像力這種神奇的火花。而眾多偉大的作家也告訴我們，除了天才的作家，每一個作家都是寫作的業餘愛好者。

　　康拉德在成為小說家之前，曾經在海上漂泊了整整十六年；柯南道爾則是一邊從事著理想的醫生工作，一邊寫出了他的福爾摩斯系列偵探小說；蘭姆起初只是政府機關的一名辦事人員，他以消遣為目的練習寫作，最後成為英國著名的散文家……即使是不需要想像力的科學領域，也綻放著想像力的火花。

　　2010 年的諾貝爾物理學獎頒給了英國曼徹斯特大學的物理學家安德烈・海姆和他的學生康斯坦丁・諾沃肖洛夫。在人們驚嘆諾沃肖洛夫僅僅 36 歲便獲得諾貝爾獎的同時，更多人也對他們選擇的研究方法拍手稱好。

　　兩位物理學家的研究，主要是從一種石墨材料中剝離出了一種單層碳原子面，這種材料的硬度、韌性和導電性非常完美，為製造防彈衣、輕型火箭和超級電腦提供了可能。然而，任何人都沒有想到，他們分離這一單層碳原子的工具，不是任何高階的儀器裝置，而是隨處可見的「鉛筆」和「膠帶」。

　　在之前的研究者嘗試過萃取和合成方法之後，海姆和諾沃肖洛夫選擇用膠帶黏住石墨薄片的兩側，然後撕開膠帶的原始

方法。隨著膠帶的分離，薄片也隨之一分為二。不斷重複這個
過程，經過數萬次的實驗過後，他們最終得到了只有單層碳原
子的石墨烯。

這樣的做法聽起來簡直不可思議，然而，一切的成就都來
自兩人天馬行空的想像力。他們用一種「將科學研究當成快樂遊
戲」的態度，既實現了技術上的突破，同時也實現了頭腦上的
突破。

這些成功者的故事，無疑都在說明一點：一個具有豐富的
聯想、觀察和動手能力的人，肯定能夠在行業中有所成就 ——
即使現在還沒有，將來也一定會。那麼我們呢？除了每日刻板
規律地生活，是否也能夠以消遣為目的訓練一下想像力，讓自
己的內心世界更加豐富，能夠承載更多來自外界的辛酸苦辣？

培養明察秋毫的習慣

因為生活的忙碌，或者因為自己的粗心大意，我們常常忽
略生活中很多美好的東西，有時候是難得一見的風景，有時候
是千載難逢的機遇。這些有意無意間的遺漏，讓我們錯過了生
活的更多可能性，也讓有些珍貴的東西永遠無法挽回。

其實，生活的每一個細節都可能給我們帶來驚喜。別人無

意間的一句話，報紙上短小的一段文字，或者布告欄角落裡一句泛黃的名言，都有可能成為上帝的禮物，帶給我們巨大的人生轉折或者事業上的創新。所以，我們要留心身邊的每一個細節，抓住每一次可能的機遇，讓生活充滿更多的新意和可能。

有一次，索尼公司的董事長井深大到理髮店去理髮。他一邊理髮，一邊看著鏡子裡的電視。因為畫面是透過反射呈現的，所以他看到的電視影像都是反的。這個看起來非常彆扭的電視螢幕給了他靈感，他想：「如果原本電視機的畫面就是反的，那麼客人從鏡子裡看到的不就是正常的畫面了嗎？那麼客人在理髮的過程中，也不至於了無生趣，或者看著彆扭的螢幕發呆了。」靈感閃過之後，他馬上就開始想後期的研發。回到索尼公司後，井深大馬上組織技術人員進行研討，研究開發反畫面的技術，並準備馬上生產這種反畫面的電視機。

這種反畫面的電視機發行到市場之後，果然受到了理髮店、醫院等特殊使用者的歡迎，銷售額猛烈增長，井深大也完成了人生中的又一創新舉措。

抓住靈感，就像是一種投機。當然，這個「投機」並不是爾虞我詐、巧取豪奪，而是善於觀察細節，善於利用時機。看到了表象後的機遇後，勇於憑著毅力和冒險精神，全身心地投入，一定能夠在別人尚未想到的地方獲得成就。

弗蘭克・柏杜是美國第四大家禽公司的董事長，他的成功

同樣是來自對每一個細節的關注。

當柏杜只有十歲時，他的父親給了他五十隻劣質的雞，要他自己餵養並且銷售出去。在柏杜的照料下，這些看起來病懨懨的小雞開始茁壯成長。幾個月後，柏杜飼養的雞開始產蛋，產蛋量很快就超過了父親飼養的優質品種。柏杜每天賣雞蛋的收入就有十五美元，這在經濟大蕭條的當時，可是一筆不小的收入。

開始時，父親並不相信，直到他真正地觀察了柏杜的飼養情況，才開始相信柏杜的觀察和管理能力。年僅十歲的柏杜對雞的生活習性一點都不了解，不過，他對這項工作有足夠的耐心。他認真地觀察了一段時間，發現飼養雞時，需要控制小雞的數量。如果雞太多，就會有弱小的雞吃不到飼料，導致發育不良，影響產蛋量。適當地減少後，小雞吃得多了，成長也會加快。但是又不能特別少，那樣只會浪費空間和飼料。經過多次的試驗，柏杜慢慢找到了最佳的組合 —— 每隻籠子放四十隻小雞是最合理的。

柏杜的父親經過了多年的養殖才獲得這一經驗，沒想到柏杜僅僅用了幾個月就摸索出了其中的門道。後來，柏杜開始幫助父親管理一部分養雞場，結果他的養雞場收益超過了父親。最後，父親將所有的家禽飼養場都交給了柏杜管理。

柏杜之所以能夠在管理企業上取得優異的成績，正是因為

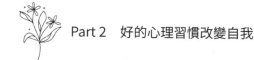

他注意到一些很細小的環節，將這些看起來微不足道的小事變成了改變現狀的機遇。注意事物的每一個細節，從中可以發現改變現狀的機遇，自然也會發現改變我們命運的機遇。

曾經有一個年輕人到微軟公司去應徵，總經理見到他非常不解，因為公司當時並沒有刊登應徵廣告。年輕人用蹩腳的英語說：「我碰巧路過這裡，於是就貿然進來了。」

總經理覺得這個理由很特別，於是破例讓他試一試。可是，面試的結果很糟糕，他的技術水準很差，任何一家大公司都不會錄用他。臨走時，他解釋說：「我今天來得匆忙，根本沒有準備。」總經理覺得，這不過是他為了挽回面子而找到的託辭，於是隨口應道：「好吧，等你準備好了再來。」

一週後，年輕人再次走進了微軟的大門，雖然他比第一次表現得好了很多，不過他依然沒有成功。總經理給他的答覆和第一次一樣：「等你準備好了再來。」你一定已經猜到了，年輕人堅持不懈地繼續參加面試。直到他堅持到第五次，終於被公司錄用，並且成為公司的重點培養對象。

長輩教育年輕人的時候，常常說，做事要留心。這個留心，就是要留心每一個細節之處，養成觀察生活的習慣。在波瀾不驚的生活中，對於細節的把握時常會帶來「柳暗花明又一村」的驚喜，也會創造出「天生我材必有用」的機遇。不過，機遇總是那麼少見又難得，抓住機遇需要用心，更需要持之以恆。

自信是「上帝之光」

有一句話叫做「狂妄的人有救，自卑的人沒救」。此話言之有理。

狂妄的人常常高估自己的能力，做事的時候難免態度輕慢，過分自信，在人生的行進中必然會遭受挫折，甚至經歷「粉身碎骨」的打擊。但是沒有關係，他嘗試過失敗之後，就能夠重新定位自己，在過去的教訓裡找到重新站起來的信念。

可是，自卑的人永遠躲在角落裡默默無聞，他不會發言，也不去嘗試。哪怕一次失敗，都會讓他更加地自卑，從而陷入終日倒退的惡性循環。

我們知道「人人生而平等」，而不是「人人生而自卑」。自卑心理的形成，總是和外界的刺激有關。追溯到童年期，父母的過度責罰，老師的打擊，求學中受到的挫折，都會給一個正常的孩子留下自卑的陰影；在工作中長期得不到器重，會逐漸否定自己的價值；難以維繫一段平穩的感情，便對自己的人際魅力產生懷疑。另外，天生的生理缺陷、貧賤的出身、經濟的拮据，都會造成一個人的自卑。

小李出生在西北的一個小鎮，他從小所受的教育和周圍的生活環境，都在向他灌輸著自謙、隱忍、低調的觀念。受到歡迎、受到他人的誇獎時，無論內心如何竊喜，都應該極力否

認，並且立即謙虛地說：「我做得還不夠。」「這點成績算什麼，還有很多厲害的人。」

　　在這樣的環境下生活了二十幾年後，當他帶著這種自貶式的謙遜來到大城市。本想靠著自己的聰明才智創造一番成就，卻發現自己的才能沒有受到應有的肯定，反而越發地自卑，缺乏自我肯定的觀念。

　　小李在一所培訓中心做講師。他所在的培訓中心是總公司的一個分部，雖然人員不多，但是作為總公司拓展業務的開路者，總經理非常重視。

　　有一次，總經理到培訓中心開會，聽了小李的一堂培訓課，結果對他的印象非常好。課後，總經理拍著小李的肩膀說：「課講得不錯，有年輕人的那股朝氣和力量。」聽到總經理的誇獎，小李條件反射地說：「沒有，沒有。其實，我對這個效果不是非常滿意，我會繼續努力的。」總經理笑了笑，臨走之前對小李說：「年輕人，好好幹啊，總公司那邊也需要人才啊。」小李聽到了總經理的話，彷彿看到了升遷的機會。於是對待工作更加認真，在培訓上也更加用心了。

　　到了年終的考評，區域經理召集了包括小李在內的十位培訓菁英，想要從中挑選出兩位到總部工作。同事們都在年終總結中細緻地講述著自己的優勢，有的人甚至達到了誇耀的程度。小李待在角落裡悶不吭聲，為那些口若懸河的人感到難為

情。當輪到小李發言時，他只說了一段簡短的工作總結，然後說：「其實，我做得還不夠，需要提升的空間還很大，但是我會繼續努力的。」

最終，區域經理帶了另外兩名講師到總部去。當總經理問道：「小李怎麼沒過來？我聽過他的課，非常不錯的一個年輕人。」區域經理頗為無奈地說：「其實，我也很看好這個人，能力非常強，為人也不錯。只可惜他太自卑了，永遠都看不到自己的優點。這樣的人，是沒有辦法為企業高階主管做培訓的。」

小李永遠都不會知道，從小接受的教育和家鄉環境的薰陶，會讓他變得不敢肯定自己，缺乏自信，甚至有些自卑，從而錯失了大好的工作機會。

每個人都有自己的存在價值，但是自卑者永遠看不到自己的價值。自卑雖然表現在很多方面，至關重要的一點就是對自身價值的否定。當一個人不斷地懷疑自己、貶低自己，遇到機遇也無法勇往直前時，是永遠不可能變成強者的。

當比利剛進入巴西的足球名隊桑托斯球隊時，他特別自卑，擔心那些大牌球星瞧不起自己，第一天竟然整夜未眠。他本來在足球場上是最有氣勢的，現在卻開始無端地懷疑自己，害怕他人的眼光和評論。

後來，比利設法轉移了自己的注意力，將目光都放在踢球上，忘掉自我，保持一種泰然自若的心態。自動過濾掉周圍人

的看法之後，貝利重新找回了勢不可當的氣勢。他的一生中進了一千多個球，成為著名的「球王」。

　　自卑者不是天生的，強者也不是天生的。強者之所以成為強者，在於勇於戰勝自己的軟弱和自卑，克服內心的恐懼，從而在心理上和能力上都成為強大的人。從比利的經歷中，我們還可以學到一個擺脫自卑的方法，就是將自卑和恐懼放置在行動中。當我們將所有精力和注意力放在具體的事情上時，就能夠從緊張、恐懼和自卑的情緒中解脫出來。在具體的事情中獲得補償和獎勵後，自卑的心理就可以自動痊癒了。

　　美國著名的總統林肯，他出身平民，而且相貌醜陋，言談舉止也缺乏風度，當他競選總統時，甚至有出身貴族的議員嘲笑說：「他不過是一個鞋匠的兒子。」不過，他最終透過自己的努力，獲得了心理上的補償。

　　林肯比任何人都了解自己的缺陷，而且比其他人更敏感。於是，他力求從知識中汲取更多的力量。他拚命自修，以克服教育缺乏造成的知識貧乏和孤陋寡聞。他在任何情況下都能夠看書，燭光下、燈光下、水光下，儘管他的眼眶越陷越深，他卻始終貪婪地汲取著知識的營養。最終，他克服了自卑，成為一位有傑出貢獻的總統。

以一顆慈悲心去包容和寬恕

以一顆慈悲心去包容和寬恕

《最後十四堂星期二的課》中講述了這樣一個真實的故事。

莫瑞有一個好朋友名叫諾曼,他們的關係一直很好。後來,諾曼和他的妻子去了芝加哥,他們的聯繫也漸漸減少了。不久後,莫瑞的妻子夏洛特動了一次大手術,此時諾曼知道這件事,卻始終沒有和莫瑞聯繫。

莫瑞非常傷心,「竟然一個電話都不打!」被好朋友漠視的滋味並不好受,於是他們從此中斷了聯繫。當他們再次見面時,諾曼想要和解,但是莫瑞沒有接受。莫瑞並不接受諾曼的解釋,並將他拒於千里之外。莫瑞再次聽到諾曼的消息卻是他的死訊。

莫瑞在彌留之際對他的學生說:「幾年前,他死於癌症。我感到非常難過,我沒有去看他,因為我一直都沒有原諒他。我現在非常地懊悔。」說著,莫瑞哭了起來,完全是無聲的哭泣,淚水流過了臉頰,淌到了乾癟的唇邊。

最後,莫瑞對他的學生說:「我們不僅要原諒別人,也需要原諒自己。」

善待他人,就是善待自己;原諒他人,就是原諒自己。當我們被他人傷害時,完全沒有必要將自己綁在他人的過錯上,用別人的錯誤來懲罰自己,更沒有必要為了逞一時之氣,報復

059

他人或者傷害他人。那樣只會讓情況越來越糟，毀掉許多人的幸福。

　　我們總會遇到一些無法接受的事實，或者遇到令人氣憤的情景。那麼，試著原諒他人吧。原諒他人的壞脾氣，原諒他人的無禮，原諒他人的自私和狹隘，原諒他人的無知和愚昧。原諒了他人，也就是放過了自己。當我們不再糾結於他人的表現，只關注自己質樸的內心，我們的內心才能真正地強大，強大到像大海一樣，負載一切、包容一切。

　　愛迪生在找到鎢絲做電燈泡的材料之前，一直嘗試著各種不同的材料。一天，他和助手辛苦工作了一天一夜，又製作了一個新的電燈泡。愛迪生讓助手將燈泡拿到樓上的實驗室，並且千叮嚀萬囑咐，千萬不能打破了。於是，助手小心翼翼地接過燈泡，謹慎地走上樓梯，生怕手裡的燈泡會不小心滑落。他越是這樣想，心裡就越緊張，手也禁不住哆嗦起來，當他走到樓梯頂端時，燈泡最終還是掉在了地上。

　　愛迪生聽助手說了事情的原委之後，選擇原諒他。幾天後，他們重新製作了一個同樣的電燈泡。完成後，愛迪生又將它交給了打破燈泡的助手。這一次，助手安安穩穩地將燈泡拿到了樓上。

　　事後，有人問愛迪生：「你為什麼還將燈泡交給他呢？萬一再一次摔在地上怎麼辦？」愛迪生說：「第一次，我只是口頭上

原諒他；這一次，我用行動原諒他。」

佛經中也曾經有這樣一個以德報怨的故事。

長壽王是一個仁慈的君主，他一向以慈悲為懷，輕責罰，重獎勵。他在位期間，境內風調雨順、國泰民安。可是，富庶的景象卻引來鄰國的嫉妒，鄰國的貪王決定出兵侵奪長壽王的財產，奪取他的王位。當長壽王得知敵兵壓境，他主動捨棄了王位，和兒子長生一起隱遁山林。因為，他不想為保護自己的王權而犧牲無辜的百姓。

貪王順利地登上王位之後，重金懸賞，想要捉拿長壽王父子。後來，長壽王為了幫助投靠他的梵志，故意讓貪王擒獲，於是貪王燒死了長壽王，以儆效尤。長壽王臨死前囑咐兒子長生說：「要遵循仁愛的家風，不要向貪王尋仇。」可是，年輕的王子無法放下國恨家仇，一直在偷偷地尋找機會報復。

後來，長生喬裝成侍從，混到了貪王的身邊。一次，貪王外出打獵，筋疲力盡的貪王想要倚在樹邊休息一下，於是取下了身上的寶劍，交給長生保管。長生終於等到了替父報仇的機會，拔出劍，對準睡熟的貪王。此時，他忽然想起了父親的遺訓，「仁愛世人，放下以牙還牙的衝動」。

巧合的是，貪王在睡夢中正夢見長壽王的兒子想要殺他，嚇得他從噩夢中驚醒。他對長生不安地說：「我夢見長壽王的兒子要殺我，怎麼辦？」長生安慰貪王說：「大王不要驚慌，有我

在此為您護衛。」於是貪王繼續入睡。

　　反覆三次之後，長生遵循父親的遺訓，選擇原諒貪王。隨後他向貪王表明了自己的身分，並請求貪王說：「您快將我殺了吧，以免我報仇的惡念又死灰復燃。」貪王不僅沒有殺掉長生，反而被長壽王父子以德報怨的行為感動，當下悔恨自己的作為。後來，貪王將國土還給了長生，兩國以後再未發生戰事。

　　正如聖嚴法師所說，慈悲者沒有敵人，智慧者沒有煩惱。大慈大悲並不只是愛你所愛的人，還要能寬恕你的仇敵。當他人以敵意、無理的態度相向時，我們要學習以慈悲去包容，以智慧去面對。如果能夠生出「以一切眾生病，是故我病」的情懷，陷入仇恨和糾纏中的人就能夠早日回頭醒腦，不再誤人誤己。

Part 3
啟用自己的最佳狀態

無論你的薪資是微薄還是豐厚，無論你的
職位是高還是低，都應該讓自己在「能做100%
絕不只做99%」的氣氛中工作。

不要虛度寶貴的時間

　　在非洲廣袤的草原上，清晨的第一縷陽光透過樹梢，傾瀉到大地上。此時，一隻瞪羚從睡夢中驚醒。牠想：「新的一天又開始了，我要抓緊時間跑。如果被獵豹發現了，就可能沒命了。」於是，瞪羚起身朝著太陽升起的地方跑去。

　　在瞪羚醒來的同時，遠方的獵豹也驚醒了。牠向著太陽眨眨眼，抖落了滿身的塵土。牠想：「昨天捕獵失敗，今天一定要尋找獵物填飽肚子，否則再過幾天，我就餓死了。」於是，獵豹開始小跑起來，在草原中尋找瞪羚的身影。

　　隨後的幾個小時裡，瞪羚一邊耐心地咀嚼著鮮嫩多汁的草莖，一邊提防著獵豹的偷襲。獵豹則遠遠地躲在草叢中，等待瞪羚防衛懈怠的時刻。

　　一瞬間，草原上開始上演經典的追逐畫面：獵豹起身進攻，緊緊地追趕著瞪羚，瞪羚飛身跳躍，朝著遠方拚命地奔跑。它們各自向著自己的目標努力著，逃命或者捕獲。在牠們身後，揚起了滾滾的黃塵……

　　牠們的追逐只有兩種結果：如果瞪羚快，獵豹就會餓死；如果獵豹快，瞪羚就會被吃掉。與其說這是速度上的比拚，不如說是時間上的較量。或許僅僅在 10 秒之內，就能夠決定獵豹和瞪羚的生死。

在動物界，到處充滿了時間上的競爭。皇帝企鵝需要在恰當的時期交配、產卵、將後代養大，否則小企鵝在春天時羽翼未豐，只能被留在陸地上等死；阿拉斯加的雌性鮭魚則要在魚卵撐破肚皮之前，逆流而上，飛躍瀑布，將它們的後代產在自己的出生地，否則它們幾個月來的孕育就是一場徒勞。

對於動物來說，時間就是生命，分分鐘都決定著某一個個體的生死。對於人類來說，時間或許不能決定生命，它卻像黃金、財富一樣，決定著我們的生命價值。

在班傑明‧富蘭克林的書店門前，一個人已經徘徊了將近一個小時。後來，他指著一本書問店員：「這本書多少錢？」店員回答道：「1 美元。」那個人說：「能不能便宜一點呢？」他得到的回答是：「就是 1 美元，沒辦法再便宜了。」

看得出來，他非常想要買那本書，但是他還是將書放回了書架。他又徘徊了一會兒，問道：「富蘭克林先生在嗎？」店員回答道：「在，但是他正在印刷室裡面工作。」「那麼，我想見他。」那個人繼續說。

於是，店員到印刷室將富蘭克林叫了出來。那人看見富蘭克林緩緩地走到門口，問道：「富蘭克林先生，這本書的最低價錢是多少？」富蘭克林堅定地回答：「1.25 美元。」「怎麼會是 1.25 美元？你的店員剛才還說是 1 美元呢。」富蘭克林說：「是的，但是你耽誤了我的工作時間，所以你要賠償我的損失。」

　　那人非常吃驚，但是他想要盡快得到準確的答案。於是他再次問道：「好吧，先生，你再說一次，這本書的價錢是多少？」富蘭克林說：「1.5 美元！」「為什麼又變成 1.5 美元了？剛才還說是 1.25 美元呢。」那個人驚訝地問。「沒錯，你一直在浪費我的時間，這個損失遠超過了 1.5 美元！」富蘭克林回答道。那個人沒有再說什麼，將錢放在櫃檯上拿著那本書離開了書店。

　　上帝是公平的，給予每個人一天二十四個小時，可是，每個人用這同樣的二十四個小時收穫的卻不一樣。感覺到時間緊迫的人，利用煮咖啡的時間、工作安排的空檔、等待上菜的時間做有用的事；散漫的人則在早餐前閒聊，在午餐時間和同事八卦娛樂新聞，在地鐵上茫然地看著窗外的廣告牌。

　　不懂得時間寶貴的人永遠無法意識到：生命如此有限，每一分鐘都會有奇蹟產生。那些在茶餘飯後無所事事的人，最後只能對著在沉默中成功的人瞪目結舌。

　　「電話之父」亞歷山大貝爾在研製電話時，另一個名叫伊萊沙・格雷的也在研究，並且兩個人同時取得突破。但是，貝爾最終贏得了電話專利的註冊，從而一舉成名，譽滿天下。

　　他們之間的差距，僅僅只有兩個小時。因為貝爾早兩個小時到專利局註冊，而在那之前，他們甚至不知道彼此的存在。雖然是無心之差，卻從此決定了兩個人的命運。

　　魯迅說：「浪費自己的時間等同於慢性自殺，浪費他人的時

間則是謀財害命。」時間給了每個人相同的機會，卻在不同人的手中創造了不同的結果。勤奮的人收穫了智慧和力量，懶散的人收穫了懊惱和悔恨。

「逝者如斯夫，不舍晝夜。」珍惜時間吧，一切都在消逝中。

目標明確，不做窮忙族

李美高中畢業後，就和大她八歲的男友結婚了。婚後，她在家裡做全職太太，悉心照料丈夫的飲食起居。可是，三年之後，丈夫跟她提出了離婚。幾經糾纏之下，李美最終簽了離婚協議。雖然分得一半的房產和汽車，她卻不得不開始過自食其力的生活。

李美沒有學歷，也沒有任何專長，找工作難免碰壁。最後，在親戚的介紹下，她到了一家房地產公司做行政助理。她雖然是一個經歷過婚姻的女性，但從年紀來看，不過是二十出頭的小姑娘。她對周圍的一切充滿新鮮感，工作上也非常有熱情。

李美進入公司不到一個星期，卻成了公司裡最忙碌的人。助理的工作雖然始終在操持一些辦公室的瑣事，但還不至於讓員工忙得腳不沾地。可是，李美卻陷入了近乎抓狂的工作狀

態。李美的桌子上堆積著各種需要列印分發的檔案；昨天的會議記錄也沒有整理；二樓的網路交換器壞了，卻遲遲不見維修工人上門；眼看著馬上到月底，人力資源部催著要考勤表。李美一邊在社群上抱怨，一邊笨手笨腳地擺弄著打卡機……

在外人看來，李美的生活忙得不可開交，只有她自己知道，一天之內她能順利地完成兩件事已經很不錯了。有時候，她還要把工作帶回家裡做。辛辛苦苦地工作，薪水卻只有一點點，到了月底，看著一張張的信用卡帳單，她又要為房租和水電費發愁了。

當生活節奏越來越快時，每個人都在人生中的某一階段忙碌著。可是，你有沒有問過自己，如陀螺般旋轉不停的生活，到底是「忙」碌，還是「盲」碌呢？

在忙碌的人流中，有這樣一群「窮忙族」。他們一樣每天忙忙碌碌，似乎一分鐘都沒有停歇。可是，如果過了一段時間，你問他們達到了什麼樣的目標，他們總是不明所以地搔搔腦袋，一個都答不上來。根本的原因，並不是他們的時間不夠，而是他們的忙碌根本沒有目標。

《韓非子》中有這樣一個故事，惠子說：「神箭手后羿戴著袖套，拿著鉤拉弓弦的皮套，馬上要引弓射箭時，即使是最怕死的越國人也會爭著幫他舉箭靶；當一個孩子想要拉弓射箭時，即使最愛他的母親也會躲進屋裡，關上門窗。」

其中原因為何？如果是能夠對準目標的人，就算怕死的人也不會擔心他會射到自己；而那些心中沒有目標，根本沒有能力射中的人，就算慈母也會選擇逃避，擔心被亂飛的箭射中。

　　那些窮忙族，就像想要拉弓射箭的孩子一樣，發出去的箭沒有一個明確的目標。雖然一樣在工作，有時候甚至比其他人更努力，更不分晝夜，更廢寢忘食，但是，他們的生活卻只能維持在溫飽的基本水平，永遠徘徊在「月光族」的惡性循環中。

　　同樣是忙碌，為什麼不讓自己付出的努力更值得？為什麼不讓自己忙得更有價值呢？一樣是忙碌，目的明確的人能夠定下自己的目標，時刻拿出來檢查和激勵自己，讓自己每一天的成就都向著最終的目標發展。

　　很久以前，有一匹白馬和一頭驢子。它們出生在同一個農戶家裡，從小一起長大，長大後一起工作。後來，這匹白馬被唐僧選中，於是它就馱著唐僧去往西天取經，驢子則在家裡每天戴著眼罩農作。

　　十幾年後，白馬取經回來，向驢子講述了取經道路上的各種奇遇。驢子特別羨慕白馬，能夠走十萬八千里的路程，還踏足過不同的國度。白馬說：「其實，這些年來，我們走過的路程幾乎是一樣的，只不過我是望著目標一直往前走，而你始終在原地轉圈而已。」

　　試問，每天奔波在地鐵裡，消散在人群中的上班族，有多

少人是朝著一個目標一直往前走，又有多少人像驢子一樣，整天悶著頭原地踏步呢？

　　哈佛大學曾經對一群年輕的學生做過一次追蹤調查：在這些年輕人中，只有 3% 的人擁有清晰的長期目標，10% 的人擁有比較清晰的短期目標，60% 的人目標模糊，27% 的人根本沒有目標。

　　多年後，那些具有清晰長遠目標的人始終為實現自己的目標而努力，並且成為社會各界的頂尖人士；那些具有清晰短期目標的人，則成為各行各業的專業人士，比如醫生、律師、工程師等。他們處於社會的中上層，並且在實現新的短期目標；目標模糊的人基本能夠安穩地工作和生活，但是沒有什麼特別的成績；剩下那些完全沒有目標的人，則生活在社會的最底層，經常處於失業狀態，甚至需要靠社會救濟維持生活。

　　無論是在工作中，還是生活上，目標都可以作為一個箭靶，給我們提供行動的指南和方向，讓我們的生活忙碌而充實。在每一次的行動後，都能對比著目標，檢查自己是否偏離了人生軌道，直到最後達成目標為止。

　　一個沒有目標卻整天忙碌的人，最後只會讓自己昏頭昏腦地做著無用功，像那隻原地踏步的驢子一樣，付出了汗水，卻得不到什麼收穫。最明智的方法，就是現在拿出紙筆，為自己的人生尋找一個目標。即使你沒有遠大的理想，一個短期內的

微型計畫也可以。三個月內減掉肚子上的肉或者半年內學習一門外語,帶著目標去行動,相信每個人都會成為那匹經歷豐富的白馬。

把情緒垃圾清理出去

童驍第一次到姐姐家吃飯,就被姐姐的處事方式給嚇到了。

那天是姐夫下廚,做了童驍最愛吃的糖醋鯽魚。姐夫一邊和童驍聊天,一邊照顧著鍋裡的材料,一不小心,多倒了兩勺醋進去。站在旁邊的童驍沒有在意,姐姐卻立即暴跳如雷,她對姐夫吼道:「你看看你,還露什麼廚藝呀,連這麼一點小事都做不好!」隨後,兩人就你一句我一句地爭執起來。

吃飯時,姐姐依舊不依不饒,對著大家抱怨:「他永遠是這樣,做什麼事情都三心二意,做什麼事情都不用心。」童驍知道,姐姐說的有道理,不過這樣沒完沒了的晚餐話題還是影響了他的食慾。童驍不禁感慨:「這樣的夫妻怎麼能在一起生活十幾年?如果是我,寧願不吃那份精緻的飯菜,也不要娶一個如此囉唆的老婆。」

我們時常因為生活中的一些小事而煩惱不已,搞得自己很沮喪,丟掉了原本的大好心情。實際上,那些令人煩惱的事

情一般都是微不足道的小事，如果不特別提醒，根本不會有人注意。我們之所以煩惱，完全是因為過分誇大了其中的負面情緒，將原本一個微小的氣泡，變成了籠罩我們的大氣球，時刻忍受著爆破的恐懼。

其實，如果我們改變自己的態度，將那些引發負面情緒的事情直接過濾掉，生活就會充滿陽光和歡笑，我們也能夠輕鬆地享受生活。

李野最近不知怎麼了，總是莫名其妙地覺得煩躁，覺得累。剛剛接了公司的一個新專案，想想就開始發愁。新專案來了，就意味著他又要過三個月人不像人、鬼不像鬼的日子了。

不知是過度焦慮，還是對生活混亂的恐懼，他現在一睡覺就做夢，哪怕是在沙發上小憩一會兒，也會陷入程式碼的海洋裡。大腦飛速地運轉，想停都停不下來，感覺自己就像一臺機器一樣，上班的時候，大腦在工作，在家休息的時候，大腦仍繼續在工作。

以前，但凡週末的時候，他都會約上幾個朋友，出去逛逛，吃飯唱歌，放鬆一下。可是，最近他總是不喜歡動，即使到超市添置食物，都變成了一件辛苦的差事。連朋友都說他：「老闆不是很器重你嗎，最近怎麼一直唉聲嘆氣的？」果然情緒低落連身邊的朋友都看出來了。

其實，李野一直自認為是自我調節能力很強的人。做專案

本來工作壓力就大，技術部又走了兩個新人，他還能繼續堅持，已經證明他的內在堅強足夠強大。以前疲憊的時候，李野只要稍微調整一個小時，就能重新找回工作的狀態。可是現在，看著鏡子裡無精打采的那個人，眼睛睜不開，一副沒睡醒的樣子，就像衰神附身了一樣，他真的有點不認識自己了。

有時候，我們也會遇到這種情緒瓶頸的時期。工作上遇到困難，和同事之間鬧出矛盾，遇到突發事件，比如盜竊和搶劫，都會讓原本高漲或平和的心情陷入谷底。其實即使生活中沒有意外的事情發生，人本身的情緒週期也會導致情緒隨著時間發生變化。

無論什麼原因，當遭遇負面情緒的時候，我們不能讓自己一味地沉浸在這種情緒當中從而喪失理智。其實，消除負面情緒是有方法的，也是有技巧的。在情緒最低沉，或者最高漲的時候，運用一些巧妙的方法可以將自己的注意力轉移出來，從而避免沉溺其中，無法擺脫。

下面是一些消除負面情緒的方法：

第一，適當退讓。所謂忍一時，風平浪靜；退一步，海闊天空。當雙方因為某件事爭執不下時，兩人都怒氣難平。這時，如果一方能夠從憤怒的情緒中抽身出來，避免火上澆油，便能夠使對方的怒氣消散，兩個人的爭執也不會僵持不下。

第二，情緒轉移。憂傷或者憤怒時，可以選擇暫時離開引

發情緒的環境，到其他地方尋求新的刺激，或者透過做其他的事轉移一下注意力，這樣可以沖淡興奮的精神狀態，或抵消低迷的心情。

第三，難得糊塗。有很多喜歡較真的人，往往會放大負面情緒的作用。遇到不順心的事，要麼借酒消愁，要麼以牙還牙，將微不足道的小事演變成一場周而復始的苦楚和矛盾。其實不如在小事上糊塗一些，那些非原則性的矛盾就能夠悄然化解，也會讓自己從緊張的人際關係中解脫出來。

第四，自我解嘲。任何人都會有失禮、失態的時候，特別在意形象的人常常為某一次的失禮或失態耿耿於懷。即使事情過去很久，再想起來依然覺得羞愧難當。其實，適當地拿自己解嘲一下，將偶然的無知和狼狽解讀成蓄意的幽默，娛樂大眾的惡作劇，不失為一種緩解壓力的好方法。

不敷衍，做好每件事

在生活中擁有強大能量和堅強內心的人，往往都是在傾盡全力地做好每一件事中練就的。

大部分人都期待著生命中有重大的轉折。他們覺得，無論是職位的晉升，還是人生道路的轉變，一定是透過某一次重大

的事件發生的。其實不然，任何提升和轉變都是從做好每一件小事開始的。

趙靜在一家大型的建築公司做建築設計師。幾年下來，她設計的作品屢屢得標，在業界迅速打響了名聲。可是，在光鮮亮麗的榮譽背後，只有她自己知道，這些成績是如何得來的。

公司接到專案之後，趙靜常常要帶著幾個助手熬上一兩個月，才能將一份完整的設計圖紙交出來。投標成功後，她則需要每天跑工地，盯現場，幫助老闆修改工程細節，監督施工效果。

有時候，上司會關照一下趙靜，讓助理設計師去盯現場，趙靜卻說：「我要做的事，就一定要做到最好。只有做到 100% 才是合格，99% 都是不合格。」帶著這種較真的態度，趙靜監督施工的每一個工程都完美竣工，並且從來沒有發生過品質問題。

趙靜曾經為一個房地產公司設計過辦公大樓，後來那位房產公司的老闆回憶說：「當時我們在現場看全景，本來拍幾張照片，回去研究一下就行了。可是，她一個女孩子硬是走了兩公里的山路，爬到了遠處的一個山頭，將周圍的景觀都細緻地拍了下來。正是得益於她在山頭拍下的那組照片，大樓的外牆最終從突兀的全玻璃牆身改為了金屬結構的拼貼，顯得和周圍的環境更加契合。」

任何人的成績都是透過每一次的全身心投入取得的。如果

你覺得上司對你的要求太苛刻，覺得老闆總是在你的工作中挑毛病，如果你整天為了他人對你的糾錯感到苦惱，毫無疑問，你就是做得不夠好。

你完全沒有必要為了一份不夠詳盡的業務報表找藉口，掩蓋內心中脆弱的自尊，更不應該滿足於這種「還可以」的態度。否則的話，你早晚都會為自己敷衍了事的態度付出代價。

朱偉畢業後，進入了一家電子工廠擔任技術員。一開始，他工作認真又努力，改革工廠的落後技術，還將自己的很多想法帶入了工作中。老闆非常賞識這位幹勁十足的小夥子，一年之後，便提拔他做了工廠的主管。

可是，朱偉慢慢地鬆懈下來，不再像以前那樣勤奮工作，對工作品質的要求也不再那麼認真。因為主管的鬆懈，下面的員工也開始放鬆精神，生產產品時也是馬馬虎虎的。日子一天天過去，雖然老闆並沒有放棄對他的信任，但工廠的生產熱情卻大不如前。長久的懈怠會讓生產產生錯漏，隨後出現的一次事故，就讓朱偉的問題徹底地暴露出來。

老闆談回來一筆訂單，便放心地交給朱偉去做。客戶非常爽快，只要在規定日期交貨就可以。朱偉並沒有將這份訂單放在心上，每天還是慢悠悠地生產，既不督促員工，也沒有及時檢查員工的工作狀態。

兩個月後，老闆向朱偉要足額的產品時，朱偉才開始著

急。每天催促員工趕快生產。結果，由於日期催得緊，員工為了完成規定的數量，只好在品質上動手腳。當客戶發現粗製濫造的產品時，頓時火冒三丈，退回了所有的貨品不說，還要求他們賠償。

老闆找到了朱偉，問朱偉：「你一直以來就是這麼工作的嗎？敷衍客戶，敷衍我？」朱偉自知理虧，並沒有辯駁。老闆接著說：「你以為你不認真，是在敷衍工作嗎？錯了，你是在敷衍你自己，敷衍你的人生。」

朱偉隨後被老闆辭退，並且要求他負連帶責任，賠償客戶的經濟損失。原本一帆風順的職業發展，就這樣被他自己的敷衍態度給搞砸了。

有很多人在輕鬆閒暇的工作中，養成了輕視工作、敷衍了事的習慣。滿足於暫時的安逸和輕鬆，卻不知道，敷衍的正是自己的人生。

一個人可以在一個公司濫竽充數一年，兩年，或者五年，然後換到另外一家公司。或許老闆需要經過一定的時間才能察覺員工的不積極、不上進，這種精神卻始終陪伴你的生活。在往後的人生中，你還有多少年可以恣意揮霍、敷衍了事呢？

在工作上嚴格要求自己，傾盡全力地做好每一件事，並不是單純地為了加薪、升職，而是用每一天的行動塑造行為，經營我們的生活。無論你的薪資是微薄還是豐厚，無論你的職位

是高還是低，都應該讓自己在「能做 100% 絕不只做 99%」的氣氛中工作。當你真的將自己當成一個傑出的藝術家時，你一定不會成為一個平庸的工匠。

照顧好自己的身體

在二戰期間，時任英國首相的邱吉爾每天都要工作十幾個小時，部署軍隊的兵力，指揮作戰。高強度的工作和時刻緊繃的神經非常耗費體力。如果是一般人的話，恐怕早就病倒了。然而，那時的邱吉爾並不是身強力壯的硬漢，而是已經年過花甲的老人，他是如何做到的呢？

原來，他每天的時間表很好地預防了身體疲憊的發生，讓頭腦在「休息 —— 工作」的節奏中來回反覆，在高效地處理國事之後，還能有效地保持體力。

邱吉爾的工作從每天早晨開始，他會坐在床上工作到中午十一點，主要看前線的報告，然後打電話，傳達各種命令。有時候，他還會在床上召開緊急會議。午飯後，他會在床上休息一個小時，起來後繼續工作。然後八點吃晚飯，飯前他還會休息兩個小時。在這樣短暫休息、高效工作的巧妙安排下，他能夠精力充沛地工作到半夜，因為他的身體已經在疲勞之前得到

了充分的休息。

　　長期高強度的工作或學習，壓力過大、憂愁煩惱，都會給人帶來身體上的疲勞。然而我們都知道，身體是革命的本錢。工作非常緊急也好，夢想需要努力也罷，終究要讓身體處在一個良好的狀態，才能保證一切行動的照常進行。

　　當身體出現體力不支、心悸、頭昏的時候，我們需要及時地給自己放假。一旦身體出現不適，內心再堅強也無法表現出強大的氣勢。最好的方法就是像邱吉爾那樣，合理地安排時間，在身體尚未進入勞累時休息，當精神振奮時重新投入工作。如果能夠在工作中找到休息的方法，那就更好了。

　　傑克是威靈頓一家食品公司宣傳部的經理。他負責市內所有商場的廣告策劃和宣傳，並且和業務部有業務聯繫。每到聖誕節前夕，他都會感到異常勞累，被工作折磨得筋疲力盡。沒完沒了的會議和隨著天氣不停變化的現場情況讓他焦頭爛額，即使整個聖誕假期都在休息，他也無法從夢魘般的工作中走出來。

　　其實，聖誕前夕的銷售戰讓所有人都感到疲憊，似乎傑克的反應更大一點。為此，他嘗試過做瑜伽訓練，吃維生素和其他營養品。但是，無論他怎樣做都無濟於事。

　　後來，父親給了他一條建議：讓他在每天的工作中都給自己「放個假」。當在辦公室和下屬開會時，他可以不拘泥於形式，盡量讓自己保持放鬆的姿態，如果可以，躺下來放鬆一下

也可以。在忙碌的間隙，可以讓自己在沙發上小憩一會兒，即使是二十分鐘，也會大有幫助。

一年後，當傑克回家過聖誕假時，他完全變了一個人。雖然經過近兩個月的辛苦工作，但他依舊保持著輕鬆的笑容。他說：「連醫生都說，這是一個了不起的奇蹟。以前，每次我和員工開會時，都會緊張地坐在椅子上，幾個小時下來，大腦如同糨糊一般。現在不一樣了，我都是躺在沙發上聽下屬彙報內容，既沒有影響工作，還能讓身體得到及時的休息。」

忙碌的白領一族常常面對的問題就是坐、站的時間太多，沒有時間運動，也沒有時間休息。尤其是每天盯著電腦的 IT族，從眼睛到手臂，從心臟到四肢，都處在一種疲憊的狀態。那麼，如何才能保有本錢？下面的建議或許是不錯的選擇。

第一，學會休息。睡眠是最基本，也是最重要的休息途徑。人在睡眠時，各類器官的代謝活動都會降低，大腦皮層也由興奮轉為抑制，耗氧量減少，從而能夠讓身體積聚精力，促進細胞的恢復。可是，為了趕專案的上班族常常睡眠不足，頭腦昏昏沉沉時還要繼續工作。這時候就需要時不時地閉目養一下神。閉上眼睛，放空大腦，讓高速運轉的神經細胞暫停下來。短暫的休息雖然不能讓身體徹底復原，卻能夠在一張一弛中，慢慢恢復能量。

第二，合理安排時間。在不同的時間裡，一個人的工作效

率和疲勞情況是有差異的。比如上午九點到十一點是效率最高的一段時間。一個星期當中，星期二、三、四是狀態最佳時期，星期一和星期五則比較懈怠，思維容易渙散。每個人也都有自己的能量時鐘，根據這個時鐘來安排工作，盡量讓身體在最佳狀態時做困難的工作，狀態不佳時做輕鬆一點的工作。

第三，調節個人生活。除了非常時期，盡量不要將工作帶回家。休息的時候將身體和大腦完全放空，置換在另外一個環境中。休息日的時候，除了足夠的睡眠休息，還可以聽音樂、登山、跑步、做SPA，利用各種方式讓身體得到更充分的修整。

走出亞健康的邊緣地帶

劉賀今年三十五歲，是一所大學的講師。每個星期他只有三天課，其他時間都可以用來進行自己的學術研究。看起來輕鬆的工作，他卻整天精神不振，疲憊無力。看著手裡的學生論文，沒幾分鐘就走神了，有時候給學生上課也是心不在焉的。

妻子擔心他患上了什麼病症，趕緊帶著他到醫院檢查。結果，沒有查出任何器質性的病症。不過，醫生提醒他說：「這些症狀證明你的身體已經進入了亞健康狀態，如果不注意調整的話，早晚都會查出毛病。」

　　多年來，一直從事計程車行業的張強也有類似的表現。張強今年三十二歲，每天一睜眼，就得為了那份薪水忙碌。一天下來，無論是吃飯還是休息，整個人都是窩在那個狹小的空間裡，七八年都是這麼過的，車來車往倒是沒覺得怎麼樣。這段時間以來，他卻明顯感覺體力不支，即使沒有幾單工作，也是昏昏沉沉的，開著車在路上，還總想打瞌睡。張強一邊操心著每天的收入，一邊擔憂著自己的身體——不知道哪裡出了毛病。到醫院檢查後，醫生也說他這是亞健康。

　　人們每天都在談健康，電視的廣告上，政府的宣傳上，連同事之間談論的話題，也是如何保持健康。其實，健康並不僅僅是指沒有疾病，沒有虛弱的狀況，而是指身體、心理和社會適應能力的一個完整的狀態。

　　不過，很多人尤其是城市中的白領、企業的管理者、領導人員，常常處於一種健康和非健康之間的灰色狀態，也就是亞健康狀態。這些人常常需要應對巨大的工作壓力、商業應酬、人際交往和社會競爭等，生活節奏快，腦力勞動強度大。身體和心理長期處於一種緊張的環境中，很容易就會進入亞健康狀態。

　　亞健康狀態包括身體亞健康和心理亞健康，不過，身體和心理畢竟是相通的，很多問題都是同時產生，相伴而行的。如果身體長期勞累，得不到舒展和放鬆，就會引發心理上的不適；如果心理壓力過大，焦慮、煩躁或者憂鬱，同樣會影響身體的

表現。亞健康雖然短時間不會造成疾病，卻是一個慢慢消耗身體和心理的過程。

另外，亞健康還是一個動態的過程，它不會停留在一個固定的狀態，而會自發地向疾病轉化。當然，它也會向健康的方向轉化，不過需要我們自覺地調理和改善。

長年在一家美體機構擔任健康顧問的李娜曾經遇到過這樣一位顧客。

馬女士是一位三十多歲的女性，和朋友一起經營一家瑜伽會館，除了每天的日常管理之外，還需要參加許多商業性應酬。

因為過大的工作壓力，馬女士每個星期都會找李娜做身體調理。有時候會做一次全身放鬆按摩，有時候則會用精油泡澡。常常看見她精神不振、情緒低沉地來到美體中心，兩個小時的調理後，馬上就恢復了神色，人也變得有精神了。

李娜曾經開玩笑地說：「做女人還是要像您這樣，既要關心自己的身體，也要懂得調理和保養。」馬女士笑著說：「還真是。在沒病的時候不好好照顧自己，一旦得上什麼病，就不是泡個澡那麼簡單了。」

當然，擺脫亞健康的方法，除了像馬女士那樣定期做SPA，進行專業的身體調理之外，還需要我們從每一天的生活入手，在生活的細節中讓自己的心理也能擺脫亞健康。

今年二十三歲的學生李穎，她總是在重大的考試前期心情

低落、悶悶不樂。當考試時間越臨近，她的狀態就會越糟糕，有時甚至乾脆想放棄考試。

大考臨近的那半年裡，她的情緒陷入了有史以來的最谷底。為了不影響考試的狀態，她每天都會出門跑步，在一點點地消耗身體的力氣之後，滿腦子的糟糕想法也會漸漸散去。等重新拿起書本，她的心已經慢慢平靜下來，人也變得精神多了。從此，只要遇到情緒低落的時候，李穎就會選擇跑步的方式釋放心中的壓力。多年來，跑步已經成為她自我調整的一大法寶。

今年三十四歲的張晶，和李穎一樣選擇了發洩的方式疏通心理積鬱。只不過，李穎選擇透過運動消耗體能來釋放情緒，張晶則選擇了出門看風景。她說：「每次出去逛一圈之後，心理就像做了一次大掃除一樣，豁然開朗了。」

張晶從結婚後，就一直想要一個孩子。一開始因為她和老公各自忙事業，就一直把孩子的事往後推。可是，看著自己的年齡一年一年地增長，她心中的緊迫感也越來越強烈。有一次，她又因為孩子的事和老公吵架，一氣之下她就甩門走了。

在社區門口攔下一個計程車，然後繞著馬路漫無目的地兜圈子。看著城市的晚間風景，煩躁的心情也漸漸趨於平靜，原本充滿腦海的消極情緒也隨著晚風悄然飄逝。

回到家裡，安穩地睡上一覺。早晨醒來，心情愉快地開始了新的一天。

Part 4
做情緒管理高手

　　《莫生氣》中這樣說道：「別人生氣我不氣，氣出病來無人替。我若氣死誰如意？況且傷神又費力！」

一生氣你就輸了

二戰期間，一位在維也納做律師的人從家鄉逃到了瑞典。因為匆忙離家，到了瑞典他已經身無分文。此時，最重要的事就是找到一份工作，獲得一份餬口的收入。戰爭讓每個人都在逃命，律師這個職業已經顯得不再重要，他思考了自身的優勢，因為他精通多國語言，於是他想要在貿易公司謀到一個祕書的職位。

戰事的蔓延讓許多做跨國貿易的公司受損，因此他們只是將他的檔案留存，沒有人願意提供給他一份工作。不僅如此，其中一個公司的回覆還非常刻薄，讓他看了之後一下子就火冒三丈。信上說：「你對我們的生意一點都不了解，我根本不需要什麼懂得外語的祕書，即使我需要這樣一個人，你有什麼資格勝任？」

他看完信簡直要氣瘋了，對方不僅說他的瑞典文非常蹩腳，而且態度傲慢無禮。生氣之餘，他馬上寫了一封言辭激烈的信，想要給對方一點顏色看看。當冷靜下來之後，他突然覺得那人說得有些道理。他雖然自學過瑞典文，卻也沒有那麼精通，說不定求職信中真的犯了基本的錯誤，而他自己沒有發現。這封回信雖然讓人感到憤怒，但對他來說卻是一個不錯的提醒。至少他知道，如果自己想要在瑞典找到一份工作，還需要好好學習瑞典文。

　　他想通了之後，撕掉了那封作為還擊準備寄出去的信，而是重新起草了一封感謝信。不久後，他又收到了那家公司的信，這一次，這家公司為他提供了一份工作。

　　俗話說，不能生氣的人是笨蛋，而不去生氣的人才是聰明人。總有些事情、有些人的言語和行為讓我們感到氣憤，但是回頭想想，那些事根本就不值得我們動怒。叔本華是一個悲觀的哲學家，因為他認為生命是一個十分痛苦的過程，一個人的整個人生都在絕望的谷底痛苦地掙扎。但是，他還是說出了充滿慈悲的話：如果可能，不應該對任何人存有怨恨心理。

　　人生有很多事情是需要在乎的，比如人格、尊嚴、做事原則和道德操守，也有很多事情是不需要在乎的，比如得失、沉浮、流言蜚語和惡語讒言。生命那麼短暫，我們還有許多重要的事要去做，還有許多重要的人需要關心，如果將精力都放在那些瑣碎的事情上，讓毫無意義的生氣、惱怒、不良的情緒占據我們的時間，那豈不是太不划算了嗎？

　　方宇在廣告公司做客戶經理，大家都稱他為「客服專員」，因為他每天的工作就是專門為客戶解決問題，收集客戶的回饋。他每天需要接幾百通電話，接待幾十位來訪的客戶，處理各式各樣大大小小的問題。如今，他已經從一個毛頭小夥練就了沉穩幹練的氣度，任何事都沒法激起他的脾氣了。一切功勞，都要算在那些難搞又難纏的客戶身上。

　　王先生是公司的一個老客戶了，去年和公司簽了一年的廣告合約，王先生雖然家財豐厚，但是出了名的吝嗇。這一次他想要做一個保健品推廣，需要做大型戶外廣告牌，於是又找到了方宇。方宇和他談妥了方案之後，交完定金，行政開始準備合約，設計員也開始設計廣告方案。

　　沒想到，到了簽合約那天，王先生突然要在四周加上logo。可是，此時廣告方案已經拿出去製作，根本沒辦法新增。方宇和王先生談了一會兒，王先生一開始拒簽合約，並對方宇破口大罵，還想要拿回定金。方宇耐著性子等他冷靜下來，沒想到王先生主動提出要求：「如果你再給我 10% 的折扣，這logo 就不用加了。」方宇心想，說來說去不過是想省錢。方宇拒絕了他的要求。當他要求見總經理時，又被方宇嚴詞拒絕了。後來，兩個人僵持在會議室裡，空氣像死亡一般沉靜。方宇怒火中燒，卻也不好發作，終於好說歹說地說服他，合約順利簽完。

　　送走了王先生，同事們都替方宇不平。有人說：「那就是個老滑頭，說來說去不就是想拿折扣？」「就是，去年跟他合作都受著氣呢，給他最低的折扣還不滿意！」同事們都在替方宇抱打不平，他自己卻哼著小曲兒進茶水間了。當有人問他說：「剛被人罵了個狗血淋頭，你還有心情唱歌？」方宇笑著說：「這種人啊，做生意就完了，跟他生氣？沒必要！我有那麼多正經事兒

呢，哪有時間跟他生氣去呀。」

善妒的女生見到男朋友偷看漂亮姑娘都要大打出手；小氣的人在公車上被人踩了一腳就橫眉冷對、喋喋不休，吝嗇的同事被人弄掉了一個音樂盒就出言不遜、大動肝火。回頭想想，何必呢？

人生短暫，如果總是為了那些芝麻綠豆的小事兒生氣的話，簡直就是在浪費精力、浪費時間、浪費生命。靜下心來想想，將心思放在理想上、放在工作上，哪怕放在鍛鍊身體上，都比生氣來得值得。

《莫生氣》中這樣說道：「別人生氣我不氣，氣出病來無人替。我若氣死誰如意？況且傷神又費力！」雖是淺薄、平實的句子，卻道出了人生的大道理。

摔碎你的憤怒

一大清早，季華從辦公桌上醒來，匆匆忙忙地吃點早餐，趕緊回家補一覺，因為下午還得回來聽報告會。昨天晚上經理要她和倩倩留下來加班，經理剛走，倩倩就假託家裡有事，非走不可，一個人從後門溜走了，結果只剩下季華一個人加班到凌晨。季華心想：「這個時候早已經沒有公車了，不如直接在辦

公室睡一會兒。」結果一直睡到了第二天清早。

　　季華回到家裡，在床上還沒躺上兩個小時，經理就打電話叫她回公司。稀里嘩啦地盥洗一下，換了一身衣服，她匆匆忙忙跑回公司。跑到經理辦公室，剛坐下來，經理就氣呼呼地衝進來吼道：「你白痴啊？交過來的企劃案漏洞百出，竟然還有錯別字，你工作的時候不用心的嗎？這樣的方案我怎麼拿去給客戶看？我真是瞎了眼，竟然讓你負責。」

　　季華頓時火冒三丈，她一邊低頭聽著經理的怒吼，一邊在心裡反駁：「我一個人賣命工作到深夜，結果你不去罵開溜的倩倩，卻跑來對我惡言相向，你才是白痴呢，你全家都是白痴！」經理罵了大概有五分鐘，然後把檔案夾扔給季華，說：「下午見客戶，你現在就回去改，我要的是一個沒有一點紕漏的企劃案。」

　　季華心裡越想越氣，心跳加速，血壓升高，她都能感覺自己臉上的血管繃起來了。此刻她最想做的事就是開啟窗戶，將經理從二十四樓扔出去，讓他在地上開出一朵美麗的花。

　　每個人都會有憤怒的時候，像季華這樣的憤怒在工作中也是最常見的。來自上司的指責，同事之間無法合作的怨氣，或者是客戶居高臨下的傲慢，都會成為一個人情緒火藥的導火線。

　　通常情況下，如果有人做了讓我們痛苦的事，我們會覺得非常痛苦，並且想要用同樣的方式報復回去，讓對方也體會到

同樣的痛苦。如果及時達到了目的，心裡就會覺得安慰些。這
雖然是一種近乎幼稚的行為，卻是一個熄滅怒火的有效途徑。
看到對方憤怒，或者對方痛苦時，我們的怒火或痛苦馬上就會
消失不見了。

立刻爆發的人的確可以瞬間發洩情緒，讓內心清明舒暢，
卻也最容易搞得人仰馬翻，自身的形象從此毀於一旦不說，辛
苦建立起來的上下級關係、同事關係也會功虧一簣，最悲慘的
就是，發洩了內心的憤怒之後，惹惱了上司，害得自己灰溜溜
地走人。不過，壓抑怒火的人也不見得真的會相安無事。沒有
馬上發洩，而是選擇壓抑憤怒的人，表面上能夠順利地工作，
內心深處卻可能留下揮之不去的陰影。

如果說，職場中的這些憤怒是不可避免的，我們需要學習
的就不是如何壓抑內心的憤怒，而是讓內心中巨大的負面能量
得到抒解，從而不至於影響工作情緒，影響身體的健康。

古羅馬人手裡總是拿著一種特別的杯子，遇到氣憤時就把
它打碎，從而讓內心的怒火發洩出來，消滅憤怒的情緒。日本
的普通職員會在事務所裡放一個上司的泥塑，當被上司批評或
者訓斥後，他們就會敲打泥塑發洩。當然，如果真的像古羅馬
人那樣，遇到憤怒的事情就砸杯子，未免顯得太浪費了，將上
司的泥塑放在辦公室裡同樣存在風險，我們不如選擇一些容易
實現，還不會傷害到自己的發洩方式。

下面是發洩憤怒的方法，可以作為憤怒時的參考。

第一，放聲大哭。哭是一種非常有效的宣洩情緒的方法，既不害人也不害己，哭完了，你會感覺全身輕鬆。因為眼淚能排出負面情緒在體內堆積的毒素，而且身體會分泌一種化學物質叫做內啡肽，它是身體的天然止痛劑，能緩解情緒帶來的痛苦。

第二，對著遠方高聲喊。找一僻靜處大聲吼唱，能夠釋放心中的憤怒。當壓抑的怒火隨著空氣被肺部擠壓到體外，糟糕的情緒也會隨之消失。

第三，書寫。把自己的憤怒用文字寫下來，這也是一種宣洩的管道，有寫日記習慣的人可以考慮選擇這種方法。當內容寫完的時候，內心的憤怒也就悄然而逝了。

第四，運動宣洩。打球、跑步、跳繩，或者僅僅是到運動場上酣暢淋漓地跑上十圈，都能夠迅速地緩解憤怒的情緒。

平心靜氣，拒絕衝動

三國時的張飛和關羽是無人能敵的猛將，可惜他們都沒能逃過身首異處的下場，其中有複雜的政治、人事的原因，也有他們自身性格的原因。如果說關羽是過分在意自己、自戀孤傲

的性格導致了最後的敗北，那麼張飛的悲劇絕對來自他暴躁衝動的性格。

建安元年，劉備等人占領了徐州之後，袁術準備攻打劉備奪下徐州。為了防備袁術來犯，劉備派張飛駐守下邳。當時，下邳的首領曹豹是陶謙的舊部，和張飛頗為不和，多次和張飛爭執。張飛沒有反省其中的原因，反而在憤怒之下將曹豹殺死。

下邳城中的百姓聽聞了這一消息，人人自危，擔心張飛是個濫殺無辜之人。後來，這一情況被袁術知道，他便寫信給呂布，勸他趁著下邳人心惶惶發兵偷襲。呂布果然帶著將領攻城，導致張飛敗走下邳，劉備的家眷被俘。

其實，當時劉備等人剛剛入住下邳，對當地的很多情況都不熟悉，民心未定，最應該做的事是尋求與當地官員的合作，安撫民心。張飛非但沒有如此，還不控制自己的情緒隨意殺戮，導致了自己的軍事失敗，也讓劉備等人喪失了鞏固勢力的機會。

在一項針對上班族的調查中，有一半以上的人覺得自己有「暴脾氣」，在工作上和個人生活中，也曾無法控制憤怒的衝動，將怨氣朝著當事人發洩出來。不過，這些人也承認，這樣做的後果往往非常糟糕，尤其是工作上的，常常需要更多的努力、更長久的時間才能修復受損的人際關係。「衝動的憤怒的確是一件得不償失的事，但我就是沒有辦法控制。」一位受訪的女士說。

　　衝動的時候，一顆冷靜的、充滿理智的頭腦才是最需要的。理智的頭腦，可以使我們遇事時思路清晰，同時還能多思考，多想想別人，多想想事情的後果，即使是令人憤怒的事，也能夠認真對待，慎重處理。當想與人爭吵時，也可反覆提醒自己：「千萬別衝動，要冷靜。」這樣，就可以遏制情緒衝動，避免不良後果。

　　學業非常出眾的章先生，畢業後進入一所名校任教。他的教師生涯非常順利，沒過多久，就在工作上取得了好成績，他的能力和潛質也被主任悉數看在眼裡，職位升遷指日可待。

　　工作的順利讓他覺得非常滿足，但和女友兩地分居的生活卻讓他非常痛苦。兩年後，當距離的相隔消磨了他們之間的熱情時，章先生主動放棄了大好前途，來到了女友所在的城市。可是，每天與愛人相守的生活並沒有給他帶來幸福感。

　　來到新的城市後，一切都要從頭開始。第一次，章先生進入了一家不錯的公司，一個月後，因為和上司意見不合，兩人大吵了一架後，他炒掉了老闆。第二份工作，因為小組成員的偷懶而讓他背了黑鍋，在公司會議上受到了責罰，章先生覺得心中委屈，憤憤不平之下，他越級向上級申訴，結果他被老闆炒掉了。

　　後來，章先生找到職業顧問，進行了職業測評分析。結果發現，他職場不順的關鍵問題就是遇事易衝動、無法控制情緒

的性格弱點。尤其是逆境中，他總是會在衝動之下，做出一些不合時宜甚至是讓自己後悔的事情。其實，章先生是一個非常有正義感和責任心的人，因此做事情常常計較，加之他不會對自己的情緒加以控制，就造成了職場的屢屢受挫。

經過專業的分析之後，章先生恍然大悟。「實際上，我也知道自己有那麼一點問題，只是一直想不出來到底是什麼。經過你們一分析，還真是這麼回事。」隨後，職業分析師給了他一些控制情緒的建議，讓他在平日裡練習控制憤怒，練習在頭腦理智的狀態下做出決策。

你怒氣沖沖地找到上司或者客戶，直接向其表示你對他的不滿，很可能將對方惹火。所以，即使感到委屈和不公平時，也要盡量讓自己平和下來。人在衝動之下可能做出很多無理甚至荒謬的事，因此，解決問題之前，先找回自己的理智才是第一要義。

經營心理學家歐廉・尤里斯曾經總結出三條「平心靜氣法」，即降低聲音、放慢語速、挺直胸膛。當你進入情緒難以抑制的狀態，或許可以嘗試這三個辦法，盡量讓自己恢復理智，冷靜地處理事情。

嫉妒是心靈的毒藥

在古代，有一個國王飼養了一群大象。這群象中，有一頭長相特別、全身白皙、毛色鮮亮的白象，國王非常喜歡它。

後來，國王將這頭白象交給了一個專門的馴象師照顧，不僅照顧它的飲食，還要調教它學習表演的技藝。這頭象果然不是一般的品種，非常聰明，教什麼東西一學就會，彷彿帶著某種靈性。不久，它就學會了很多技藝，並且和馴象師建立了深厚的友誼。

一次，國家將要舉行慶典，國王打算騎著白象出席。當國王騎著白象出現在廣場上時，民眾們都紛紛圍攏過來。可惜，他們要看的不是國王，而是那頭罕見的白象。國王的光彩都被白象搶走了，國王的臉色非常難看，對慶典事宜也失去了興趣，簡單地在廣場上繞了一圈就回宮了。

心生嫉妒的國王在心裡思索著如何將這頭象處死，於是問馴象師：「如今，這頭象已經學會了很多技能了吧，那麼，可不可以讓它站在懸崖邊展示一下才藝呢？」馴象師說：「應該可以。」於是，馴象師將白像帶到了懸崖邊上，準備為國王表演。

國王說：「這頭象能用三隻腳站立在懸崖邊嗎？」馴象師說：「這簡單。」他騎上象背，對白象說：「來，用三隻腳站立。」果然，白象立刻就縮起一隻腳，穩穩當當地站立在懸崖邊上。國

王又說：「那麼，它能兩條腿懸空，用另外兩隻腳站立嗎？」「當然可以！」馴象師對白象重複了一番口令，白象果然聽話地做了。國王接著又說：「那它能不能三隻腳懸空，只用一隻腳站立呢？」馴象師一聽，終於明白了國王的意圖 —— 他想要置白象於死地。於是，馴象師對白象說：「這次你要小心一點。」白象小心翼翼地抬起三隻腳，用一隻腳站在了懸崖上。在一旁圍觀的群眾驚嘆於白象的高超技藝，紛紛為它拍手叫好。

看到這番情景，國王的嫉妒心更加強烈了。「我一定要讓它消失不可，否則的話，今後民眾的眼裡就再也沒有我這個國王了。」國王再次發出了指令，對馴象師說：「那麼，它能把最後一隻腳也縮起來，全身懸空嗎？」馴象師悄悄對白象說：「看來，國王今天一定要看見你從懸崖上摔下去才能罷休。我們現在的處境非常危險，不如你飛到對面的懸崖上吧。」聽到了馴象師的指示，白象果然四腳騰空地飛了起來，載著馴象師飛到了懸崖對面。

懸崖對面是另外一個國家，當地人看到馴象師和白象後，將他們綁了起來，送到了國王的面前。國王問馴象師：「你是什麼人？為什麼要騎著白象來到我們的國家？」馴象師將山崖對面的國王試圖殺死白象的過程一一說明。該國的國王嘆了一口氣說：「一個人的嫉妒心究竟會有多重呢，竟然和一頭白象計較起來？」

　　人與人總是存在差距的，不管是先天的容貌和智力，還是後天的地位和成就，都會造成好壞之分，強弱之別。不過，那些因為同事得到上司的厚愛而憤憤不平的人，那些因為別人的生活條件比自己好而鬱鬱寡歡的人，活得實在太辛苦了。他們永遠見不得別人比自己優秀，見不得別人受到讚美。如此這般，便產生了嫉妒之情，從而上演一場場滑稽的嫉妒鬧劇。

　　《世說新語》中記載了一個題為《妒記》的故事。

　　東晉大將桓溫在討平了蜀國後，納了蜀國皇帝李勢的妹妹為妾。桓溫家中的妻子是晉明帝的女兒，即南康公主。南康公主向來以凶悍妒忌著稱，當她得知這件事後，馬上帶著刀來到了李女的住所，想要一刀殺了她。

　　當南康公主來到時，李女正在窗邊梳頭。她姿色出眾，端莊美麗，正在文靜地紮著頭髮。見到南康公主後，她合攏了兩手，神色嫻靜地看著公主，和公主哀怨婉轉地說起話來。公主讚賞李女的美貌和嫻靜，於是丟下刀上前抱住她說：「妳啊，我見到妳都覺得妳非常可愛，更何況桓溫那個傢伙呢！」最後，南康公主不但沒有殺她，反而對她非常好。

　　俗話說：「己欲立而立人，己欲達而達人。」別人如果真的非常優秀的話，單純的嫉妒或者破壞對自身的提高毫無用處，反而只會讓自己走向情緒的死胡同，變得越來越閉塞、越來越目光短淺。嫉妒別人的人，只能說明自己還不夠優秀，或者說

在心理上不夠強大。

雖然說我們都是平凡人，難免嫉妒，但是內心強大的人往往能夠用理性抑制嫉妒，將嫉妒的能量從破壞他人的努力轉換為刺激自己向上的動力。

當別人比自己好、比自己成就大時，我們應該報以欣賞和祝福，即使不加讚美，至少應該暗暗下定決心，讓自己也像他人那般優秀、那般成功。保持一顆平靜和睦的心，告訴自己說「其實你也很優秀」，然後撥開嫉妒的迷霧，用榜樣的力量激勵自己前進。

不要因無謂的焦慮傷神

一天早晨，死神來到了一座城市。一個走在街上的人認出了死神，於是問他：「你是死神嗎？」死神說：「是的，我是死神。」那人顯得很驚恐，顫顫巍巍地問：「你來這裡想做什麼？」死神說：「我要帶走這裡的一百個人。」那人說：「這太可怕了，你怎麼可以這樣做？」死神冰冷的面孔下發出了毫無生氣的聲音：「我是死神，我必須這麼做。」

那人沒等死神說完，一溜煙兒地跑掉了。他並沒有一個人躲起來，而是跑去提醒所有人：死神來了。他跑到了城市的很

多角落，將這個消息帶給那些無辜的人，希望他們能夠及時躲避死神的殺戮。

到了晚上，他又碰見了死神。那人問死神：「你明明說要帶走一百個人，為什麼今天有一千個人死了。」死神說：「我照我說的做了，只帶走了一百個人，焦慮帶走了其他的人。」

每個人都有焦慮、緊張的時候。比如結婚、生子時，多數人都會有不同程度的焦慮。這時，人們會表現出心跳加速、胸口憋悶、語言不暢，甚至出現因神經過度興奮而暈厥的現象。不過，這種程度的焦慮都屬於正常現象。

一個人如果每天都在擔心自己會失業，隨時想著世界末日會不會到來，或者擔心自己收益不佳而讓自己神經緊張地忙來忙去，這種焦慮就需要小心和警惕了。

在撒哈拉沙漠中，生活著一種灰色的沙鼠。每年的旱季來臨之前，它們都會變得異常忙碌。因為它們要囤積大量的草根，以便應對接下來的艱難日子。它們整天都叼著滿嘴的草根，在洞口跑進跑出，忙得不可開交。

但是，即使貯存的草根早已足夠支撐它們度過整個旱季，沙鼠依舊在拚命地工作，一刻不停地尋找草根，並將其帶回洞中。一般情況下，一隻沙鼠在旱季裡需要吃掉兩公斤的草根，而它整個夏天的奔忙往往能運回十公斤。當旱季過去，大部分草根都在洞中腐爛，它們再將這些腐爛的草根清理出洞。

科學家對沙鼠的這一行為非常不解，於是對它們進行了專門的研究。結果證明，它們的擔心和焦慮永遠大於實際需求，這完全是沙鼠的本能，是一代一代的祖先從基因裡留給它們的。當時，還有不少人建議用沙鼠來代替小白鼠進行科學實驗，因為沙鼠能夠更準確地反應藥性。可惜，科學家在沙鼠身上的實驗最後都失敗了，其原因正是沙鼠過分焦慮的特性。

　　當科學家將沙鼠從草原搬到了實驗室，它們馬上就會出現不適反應。它們到處尋找草根，哪怕籠子裡邊食物充足，它們也會想辦法將籠子外面的草根弄進來。最後，因為實驗室裡沒有大量的草根供它們尋找和囤積，沙鼠很快就一隻一隻地死去了。也就是說，它們並非死於現實的困境，而是死於頭腦中的過度焦慮。

　　沙鼠的反應像極了在社會上奔波的現代人。即使是衣食無憂，沒有出現生活危機的人，也整天憂心忡忡的，為某種莫名其妙的擔憂弄得不安寧。其實，這種擔憂往往來自對明天或者未來的期待，而不是對當下事物的擔心。

　　現代社會，世事變幻莫測，讓許多沒有當下威脅的人開始為將來的所需而發愁。那些沒有到來或者永遠不會到來的事成為許多人每天議論的話題，比如到底有沒有世界末日，到底有沒有可能發生核戰爭。當人們整天陷在焦慮、緊張和擔心中時，就可能變得像沙鼠一樣，緊繃著神經和大腦，每天忙忙碌碌，疲於奔命。

　　會游泳的人都知道，一旦溺水，最好的自救方法不是拚命折騰，不是大聲呼救，而是讓自己放下對死亡的擔憂和焦慮，盡量放鬆身體。即使一瞬間沉入水底，但水的浮力也會讓身體慢慢地浮上來。而那些溺水身亡的人，往往都是掉進水裡就拚命地撲騰，結果導致大量的水進入肺部，最後無法呼吸才沉入水底。

　　溺水的情境其實和人生的困境相似。一旦陷入困境，當事人往往沒有被困難嚇倒，就已經被自己焦慮和緊張的心理搞得體無完膚了。最後真的就像溺在水中一樣，強烈的求生欲望成為束縛自己的枷鎖，拉著人一步一步地向著水底沉去。

　　曾經有一段哲學家和漁夫的對話，內容是這樣的：

　　哲學家問：「你懂哲學嗎？」

　　漁夫回答：「不懂！」

　　「那麼你至少失去了一半的生命。」

　　哲學家又問：「你懂數學嗎？」

　　漁夫回答：「不懂！」

　　「那麼你至少失去了百分之八十的生命。」

　　突然，一個巨浪襲來，打翻了兩人乘坐的小船，哲學家和漁夫都掉進了水裡。哲學家在水中胡亂地掙扎。

　　漁夫問：「你會游泳嗎？」

哲學家回答：「不會。」

「那麼你失去了百分之百的生命。」

有時候，那些終日為了無名的事情憂愁煩惱的人不妨問一問自己：我憂心忡忡到底為了什麼呢？整天為了尚未到來的事情擔心有意義嗎？時常這樣問自己，或許能夠幫助我們遠離焦慮，過好當下的生活。

一味地自責無異於自虐

這是一個關於自省的故事。

張老漢住在一個破舊的四合院裡，一個院子住了好幾戶人家，每天雞鴨貓狗地吵鬧個不停。這幾天，張老漢家突然招了蟲子，蛀掉了他心愛的花草不說，還爬到了他的床上。為了殺蟲，張老漢買了一瓶藥，在屋裡屋外、大大小小的角落裡撒了一遍。

蟲子是殺光了，可是殺蟲的藥也將鄰居李奶奶家的雞殺死了。李奶奶拿著笤帚打在了門上，直喊著：「你賠我雞，你賠我雞……」張老漢反駁說：「如果不是你的雞偷吃我的米，怎麼可能被藥殺死呢？它們是自作自受。」兩個人吵了近一個小時，最後在其他鄰居的勸說下才各自回家。

　　李奶奶走後，張老漢非常生氣，覺得自己特別冤枉。生氣歸生氣，他分析了一下，這件事他還是脫不了關係。就算李奶奶的雞平常總是偷吃他的米，但罪不當死。如果自己殺蟲的時候早點通知人家，讓她把雞關在籠子裡，也不至於最後都給殺死了。思來想去，張老漢想明白了，決定帶上錢，去給李奶奶道歉。

　　這是一個關於自責的故事。

　　李麗的丈夫去世了。悲傷的她每天都在回想事故當天發生的事。那是一個炎熱的下午，丈夫要去約見一個大學的同學，其實也是李麗的同學。本來李麗也要跟著一起去的，但是丈夫擔心妻子有孕在身，受熱受累太辛苦，就決定他一個人去。臨走時，丈夫還不停地囑咐：「你再睡會兒吧，我一會兒就回來。」哪知這句話成了丈夫生前最後一句話。

　　李麗始終無法接受這個事實，整日以淚洗面，不停地自責說：「如果我陪他去，提醒他當心車輛，就不會……」說著，她失聲地哭了起來。這三個月來，她都在不停地自責中生活。

　　曾子日：「吾日三省吾身：為人謀而不忠乎？與朋友交而不信乎？傳不習乎？」一個人有自省的習慣是件好事。在不斷地回顧內心，審視思想的過程中，我們能夠重新認識自己，也能夠對自己的所作所為給出相應的評價，從而取其精華，去其糟粕，不斷修正自己為人處世的方法。

唐朝時期，唐太宗很器重黨仁弘，因為他辦事幹練，頗有才識韜略，歷任南寧、廣州都督。後來，黨仁弘貪汙受賄，按當時的律法應當被處死，但唐太宗憐惜他是開國功臣，於是為他求情，免其死刑，將其廢黜為平民，流放欽州。

　　事後，太宗為自己的行為感到不安。於是，他召集群臣到大殿，向他們檢討說：「國家的法律，皇帝應該帶頭執行，而不能出於私念，不受法律制約，失信於民。我袒護黨仁弘，實在是以私心亂國法啊。」後來，他還寫了一道《罪己詔》，其中說道：「朕有三項罪過：識人而不能明察，是一罪；因私情淆亂法令，是二罪；親近善人而未予賞賜，討厭惡人而未予誅罰，是三罪。」唐太宗向大臣宣讀後，立即下令將他的《罪己詔》向全國的臣民公布。

　　晚年時期，唐太宗反省自己的一生，寫了《帝範》十二篇賜給太子，並訓誡道：「你應當以古代的先哲聖王為師，像我這樣不足以效法。我即位以來，過失之處不少，比如錦繡珠玉不絕於前，宮室臺榭常有興造，犬馬鷹鶻無論多遠也要羅致來，遊幸四方使各地供給煩勞，這些都是我的大過失，千萬不要認為這是正確的而效法。」

　　古人強調「自省」，即使帝王犯了錯也要下「罪己詔」，或者齋戒沐浴，誠心懺悔改過。唐太宗的一生也是在不斷犯錯、不斷反省中度過的。

　　不過，當一個人自省犯過的錯誤時，需要把握一個適當的度。一旦將自省變成了自責，反省的意義失去了，情緒的困擾就會接踵而至。

　　當我們說錯話、做錯事時，需要自省來幫助我們調節認識和行為，但是，千萬不要用自責來折磨自己。自責非自省，自責雖然能夠造成反省的作用，卻因為過分強烈的感情色彩，讓原本理性的反思變成了感性的訴求。那樣非但於事無補，還會使事情變得更糟糕。

在衝突中釋放情緒、彼此磨合

　　你有沒有與人衝突的經驗？你會不會因為和他人發生衝突而情緒沮喪或者大發脾氣呢？一般人看來，工作上或者生活中的衝突，會讓彼此之間的關係急轉直下，而且還會造成神經緊張、不安和混亂。衝突不僅破壞了一個工作團隊的和諧氣氛，還讓人與人難以自在相處。所以，人人都在小心說話，謹慎做事，盡力避免衝突的發生。

　　換一個角度來看，衝突或許沒有我們想像的那麼糟糕。正如通用汽車的史隆所說：「意見相左甚至衝突是非常必要的，也是應該受歡迎的一件事。如果沒有意見紛爭和衝突，員工之間

就無法相互理解，沒有了相互理解，領導組織只會做出錯誤的決定。」

實際上，我們可以將衝突看作是另外一種彼此溝通的方式。雖然有時候因為情緒激動、語言失當，可能造成彼此之間的僵持，但當情緒風暴過去之後，我們就會發現，正是因為每一次的衝突，才讓彼此之間更加了解。

張瑤剛入職時，對辦公室的衝突一直心生畏懼，每天小心翼翼地來去，大氣都不敢出一聲。時間長了，她才發現，辦公室裡零星的爭執和偶爾的擦槍走火根本就是家常便飯，通常都是兩個人聲音提高了一些，揪著一個問題說來說去，實在講不下去時就不歡而散，也不會撕破臉皮，弄個你死我活。在部門裡，有兩個資歷老的大姐，就是這種家常便飯的主角。

王姐和劉姐在公司工作十幾年了，照理說早就應該磨合出默契，不會有什麼大的爭執。可惜的是，這兩位都不是忍氣吞聲的人，每次遇到意見不合，必定大聲地吵起來，將兩個人之間的爭論變成辦公室裡的特別節目。

王姐和劉姐算是業務上的棟梁，兩個人手下都有一群小兵，一旦有了策劃的案子，兩個人就開始「嘶吼」起來。一開始，她們只是純粹地就事論事，討論到底哪個小組的策劃方案更有價值，然後就越說越離譜，從討論工作漸漸變成了人身攻擊。任何情緒性的字眼，互揭瘡疤的中傷全都使了出來。各組

的成員一般都是新來的員工，或者是年紀尚輕的女孩，一邊聽著兩個人的陳年舊事，一邊縮著頭趴在桌子上，生怕一顆「流彈」就要了自己的「小命」。

慶幸的是，吵歸吵，情緒過後，兩人依舊能夠心平氣和地工作，就像兩個鬧了彆扭的小孩一樣，沒過半天又在一起玩了。午飯過後，王姐肯定會給劉姐帶回來一杯星巴克咖啡，然後兩人重歸於好，繼續競爭下一個專案。

張瑤有一次忍不住問王姐說：「您和劉姐吵架，那都是鬧著玩的嗎？」「當然不是了，工作上的事兒能鬧著玩嗎？每次我們組的方案通過，她總是心裡不高興。一不高興就找我碴，那我能讓著她嗎？」張瑤越聽越迷惑了，接著問：「你們吵了這麼多年，感情還這麼好？」「哎 ── 」王姐嘆了一口氣說，「怎麼說呢，吵吵鬧鬧十幾年了，每次吵架之後都能多了解她一點吧！現在啊，整個部門裡我最了解她，她也最了解我，雖然工作上還是水火不容的，但是我倆走了誰，剩下的那個人都不會高興。」張瑤聽了，頓時有了「既生瑜，何生亮」的感慨，幸好王姐和劉姐沒有真的走到你死我活的地步。

衝突發生非常容易，一句重話或者一個輕蔑的眼神就能導致一場「戰爭」。實際上，衝突往往是生活中必不可少的，即使沒有環境的影響，我們自身也會發生衝突。與其小心翼翼地避免衝突的發生，不如將可能發生的或者已經發生的衝突當作和

對方的一次激烈溝通。衝突之後雨過天晴，長久積壓的負面情緒得到了釋放，雙方也能在一個更加了解彼此的基礎上起跑。

　　很多人為了情侶間或者夫妻間的衝突苦惱不已，但是所有人都知道，兩個人在一起總是要吵架的。在一起時間長了，總會有一些不盡如人意的地方，矛盾和爭執也在所難免。惡性爭吵和人身攻擊都會傷害彼此的感情，但是坦誠開放地爭吵卻可以變成一種健康的溝通方式，甚至可以說，兩個人時不時地吵一架並不是壞事，反而能夠促進溝通和理解。

　　既然衝突是不可避免的，我們就要學會和衝突一起生活，用積極的態度面對衝突，將無法迴避的衝突當作是一次自我成長和了解他人的機會。衝突讓雙方可以在對方的職責和性情上有更深入的了解和認知；及時地解決衝突，就是為今後的溝通做好鋪墊，為彼此開啟一扇心靈之門。

Part 4　做情緒管理高手

Part 5
做一個堅定的樂觀主義者

悲觀者一邊嘆息著不幸的遭遇，一邊為自己挖掘墳墓；樂觀者則精神抖擻，在荒山上種滿綠苗。當悲觀者的墳丘上長滿了荒草，樂觀者在高山的叢林中仰望星空。

選擇心態，選擇命運

一對兄弟，他們的長相不同，性情、習性也完全不同。哥哥整天樂呵呵的，看到什麼都非常高興；弟弟則整日愁眉不展的，對任何事都感到不滿。爸爸想要改變他們的性格，於是想到了一個好辦法。他將商店所有的玩具都買了回來，然後放在了弟弟的房間裡；隨後，他將家中所有的垃圾收集起來，堆到了哥哥的房間裡。

第二天，爸爸來到弟弟的房間，看到他正蹲在地上哭泣。爸爸問他：「爸爸給你買了這麼多新玩具，你為什麼還要哭呢？」弟弟說：「我不敢玩，玩一會兒它們就會壞掉的。」爸爸嘆了一口氣，走到了哥哥的房間。爸爸看到哥哥正在垃圾堆裡興高采烈地翻東西，於是爸爸問：「你在幹什麼呢？」哥哥興奮地說：「爸爸，你在跟我玩藏寶圖的遊戲對嗎？這裡面一定藏著什麼寶貝吧。」

顯而易見，哥哥是一個樂觀者，弟弟是一個悲觀者。樂觀者與悲觀者有什麼不同呢？樂觀者能夠享受當下的快樂，即使遇到困境也會笑臉相對；悲觀者則只會怨天尤人，面對平常的生活仍然有諸多不滿，面對逆境時更會精神脆弱，消極茫然。

譬如說，同樣的半杯水，悲觀者會說：「哎呀，只剩半杯水了。」樂觀者則會說：「太好了，再有半杯水，杯子就滿了。」面

對同樣的客觀存在，悲觀者看到的是前途渺茫，樂觀者看到的是希望就在前方。

有兩個青年到一家公司求職。面試官將第一個青年叫到了辦公室，問他：「你覺得之前工作的那家公司怎麼樣？」

小夥子原本喜悅的表情一瞬間就消失了，他面色陰鬱地說：「哎，那裡簡直糟糕透了。同事之間爾虞我詐、勾心鬥角，管理者態度粗暴、蠻橫無理，還有許多無法忍受的黑幕，整個公司都死氣沉沉的。正是因為在那裡工作太壓抑了，所以我才想換一個公司。」面試官說：「很抱歉，恐怕這裡也不是你想要的理想世界。」

第二個青年進入辦公室後，面試官問了同樣的問題，他回答道：「那裡挺好的，規章制度非常健全，同事們也和諧相處。如果不是想換一家公司，更好地發揮我的特長，我真的不想離開那裡。」經理聽完了他的敘述，笑著對他說：「恭喜你，你被錄取了。」

事情的本身並沒有好與壞，情緒上的感受全部來自我們的內心。或許第二個青年所在的公司和第一個青年敘述的一樣，也是充滿人事紛爭和各種矛盾，但是，他看到了生活中積極的一面，因此生活也給他積極的回應。

可以說，我們以什麼樣的眼光看世界，世界就會回報我們什麼樣的成果。生活中的許多事，都是因自己的心態而改變

的。當你學會了改變看問題的角度，從更快樂、更積極的方面去接受一件事，就不會有困境和逆境。我們所經歷的坎坷和艱辛，不過是人生中另外一番風景罷了。

一個國王想要從兩個王子中選擇一個作為自己的繼承人。於是，他給了兩位王子每人一塊金幣，讓他們騎著馬，到遠方的市集去買一件東西。兩位王子按照國王的安排，各自騎著馬出發了。他們目標明確地奔向了遠方的市集，卻不知道他們的衣服口袋已經被人做了手腳。他們的衣服口袋被剪出了一個大洞，金幣早就漏出去了，根本不可能買回東西來。

下午時分，兩位王子先後回到了皇宮。大王子悶悶不樂，國王問他：「發生了什麼事啊？」大王子哭喪著臉，說：「根本沒辦法買東西嘛，因為我的衣服口袋破了一個大洞，金幣全都掉出去了。」國王安慰著大王子，卻看見小王子興高采烈地站在一旁。國王問他：「發生了什麼事啊，讓你這麼高興？」小王子說：「我今天學到了一個重要的道理：在出門之前，一定要檢查一下自己的衣服口袋，否則貴重的物品就可能遺失了。」

基於小王子樂觀的人生態度，國王最後選擇小王子作為自己的王位繼承人。原來，國王對他們測試的目的，並不是看誰能真的買回來東西，而是測驗他們面對不幸時的態度。

悲觀者總是想到最壞的結果，樂觀者永遠做最好的打算。當我們面對複雜的生活和紛亂的社會時，悲觀一點用處都沒

有。它不會讓我們內心強大，也不會讓我們心態坦然，對未來的恐懼只會讓人徒增煩惱。相反地，樂觀者看到了可能發生的事、可操作的事，並且將全部精力集中在這些事情上，全力以赴地行動。

大體上，人生有兩種不同的態度，一種是樂觀的，一種是悲觀的。一樣的人生，不一樣的心態，也就造就不同的生活。悲觀者一邊嘆息著不幸的遭遇，一邊為自己挖掘墳墓；樂觀者則精神抖擻，在荒山上種滿綠苗。當悲觀者的墳丘上長滿了荒草，樂觀者在高山的叢林中仰望星空。

生活的態度來自我們的選擇，那麼，你是選擇悲觀，還是樂觀呢？

改變命運從改變心態開始

有一位名叫塞爾瑪的女子，她跟隨從軍的丈夫駐紮在荒蕪的沙漠地帶。他們住在鐵皮房子裡，每天忍受烈日的烘烤、風沙的侵襲。周圍居住的都是印第安人和墨西哥人，塞爾瑪根本沒辦法和他們交流。她覺得每天的生活都很痛苦、鬱悶，充滿各式各樣的煩惱，生活對於她簡直就是一種地獄式的折磨。更糟糕的是，丈夫不久後奉命遠征，要很久之後才能回來。塞爾

瑪孤身一人住在荒漠裡，整天愁眉不展，以淚洗面。

　　遠在異鄉，內心痛苦的時候想得到親人的安慰，於是塞爾瑪寫信給父母。不久後，父母的回信到了。可是，內容卻讓塞爾瑪非常失望。父母沒有安慰她，也沒有叫她趕快回家。偌大的信紙上只寫了短短一句話：「兩個人從監獄的窗戶往外看，一個人看到的是地上的泥土，另一個人看到的卻是天上的星星。」

　　一開始，她非常失望，覺得父母已經不再愛她，不再關心她了。後來，她終於明白了那句話的意思。現在的她，就好比是只看到地面泥土的那個人，根本不知道，抬起頭就能看到星星。既然只要一抬頭就能看到星星，享受到星光燦爛的美好，為什麼我不去嘗試一下呢？

　　改變了自己的想法之後，塞爾瑪開始主動尋找生活的樂趣。雖然語言不通，但她嘗試著去和印第安人、墨西哥人交朋友。結果，她驚喜地發現，他們非常熱情、非常好客。同時，她還開始研究當地的仙人掌。廣袤無邊的沙漠上，任何植物都沒法生長，只有大片大片的仙人掌可以生存不息。塞爾瑪一邊觀察，一邊記錄，同時被仙人掌的千姿百態所折服。

　　從此，她的生活發生了變化。原本看似苦悶的生活一下子充滿了春天的色彩，塞爾瑪的臉上也浮現了久違的笑容。後來，塞爾瑪將這段生活整理成了一本書，鼓舞了許多尚在困境中的人。

我們知道，塞爾瑪生活的環境並沒有發生變化，她依然住在鐵皮房子裡，沙漠的高溫一直保持在 45 度，當地人依舊過著往常的生活。可是，為什麼塞爾瑪的心情大為改觀了呢？一切都來自她心態的改變。她已經從一個只會看地面上泥土的人，變成了一個抬頭仰望星空的人。困境依舊是困境，但是她放棄了哭泣，選擇了微笑。

　　有人說，20 世紀最偉大的發現就是改變心態可以改變環境。雖然這種說法聽起來有點唯心的意味，卻不能阻擋它的正確性。就像佛家說的「不是風動，不是幡動，而是心動」，當我們改變心態時，世界也在跟著改變。

　　心簡單，世界就簡單；心複雜，世界也就複雜。這個「心」，正是我們的心態。當我們改變心態時，改變的不僅僅是對外界、對自己的態度，還有言語和行為。當我們的外在表現發生變化時，他人給予的回饋也會產生相應的變化。可以說，千萬種人有著千萬種的命運，而決定這些不同的因素，正是每個人的心態。

　　清朝時，有一位叫吳棠的人在江蘇做知縣。一天，有人來報說吳棠的一位世交過世，送喪的船就停泊在城外的運河上。於是，吳棠派差役送去了二百兩銀子，並承諾說自己有空的時候再去弔唁。

　　送銀子的差役回來，對吳棠說：「死者的形象與您的世交不

太相符。」吳棠細問之後才知道,原來送錯了對象。吳棠為此很生氣,立刻命令差役去追回這二百兩銀子。

吳棠身邊的師爺思考了一下,提醒吳棠說:「送出去的禮再要回來,會有損知縣的形象,不如做個順水人情。」吳棠想想也對,第二日還專門去船上弔唁了一番。

原來,錯收二百兩銀子的家屬是兩位滿族姐妹,因為家道中落,人情冷漠,才害得兩個姑娘親自護送父親的靈柩。一路上孤苦伶仃,無人問寒問暖。當吳棠前去弔唁時,她們以為吳棠是她們父親的故交,心中倍感欣慰。吳棠不曾說破,在船上弔唁一番後便離去了。

誰也不曾想到,多年之後,當年那兩姐妹中的姐姐成了慈禧太后,在朝廷中垂簾聽政,成了清朝的最高統治者。慈禧沒有忘記當年給予接濟的吳棠,讓他的官職一升再升,最後做到了巡撫,顯赫一時。

說起來,人與人之間的差異非常渺小,可是,往往渺小的差異能夠造成巨大的差別。同一件事用兩種不同的心態去做,其結果可能截然不同。所以說改變心態等於改變人生。

給逆境一個微笑

鄭笑笑失戀了，一個人坐在公寓樓下的花園裡哭泣。她哭得悲痛欲絕，驚動了在一旁打掃落葉的孫阿姨。孫阿姨走過來問她：「你為什麼哭得這麼傷心啊？」笑笑回答：「我和青梅竹馬的男朋友分手了，十多年的感情啊，說沒就沒了，我心裡難過死了。」

笑笑原本想這位阿姨會安慰她一下吧。沒想到孫阿姨卻哈哈大笑起來。笑笑不耐煩地說：「人家失戀了，你怎麼還那麼開心哪？我受了這麼大的打擊，都不想活了，你不安慰我就算了，居然還笑我。」孫阿姨說：「其實，你應該開心啊。你根本就不用傷心難過，真正應該難過的是他。你只是失去了一個不愛你的人，而他卻失去了一個愛他的人。」笑笑覺得孫阿姨的話非常有道理，於是停止了哭泣。

很多人生活得痛苦，過得不開心、不快樂，並不是因為生活中的煩惱和難事，而是因為內心的悲觀。如果一個人能夠不抱怨生活帶來的太多磨難，不抱怨生活中的太多曲折，不抱怨那麼多的不公平，用微笑面對生活的困境，世事閱盡之後，就會發現自己的一生快樂多過痛苦，希望多過絕望。

微笑地面對生活，它和貧富無關、和地位無關，和自身的處境也無關。一個窮人整天為生計發愁，一個富翁也可能每日

憂心忡忡。即使身處貧困、疾苦，或者人生中的谷底，也能夠面帶微笑，從容以對的人，才是真正內心強大的勝利者。

當有人問及曾任美國的副總統威爾遜，貧窮是什麼滋味時，他講述了自己的一段故事。

威爾遜十歲的時候就離開了家，在十一年的學徒生涯中，每年只有一個月的時間可以接受學校教育。經過十多年的辛苦工作，他得到的報酬是一頭牛和六隻綿羊，結果威爾遜將它們換成了八十四美元。

他剛過完二十一歲的生日，便帶著大隊人馬進入了大森林，開始採伐那裡的大圓木。每天，他都需要在天空泛白之前起床，一直工作到星星出現才能休息。雖然拿著微薄的報酬，在他看來卻已經是非常珍貴的財富。他從來沒有在娛樂上花過一分錢，因為他花每一分錢都需要精打細算。

在這樣的窮途困境中，威爾遜並沒有得過且過，也沒有消極悲觀，而是抓住每一個發展自己、提升自己的機會。由於沒有時間到學校接受教育，他只能利用零星的閒暇時間自學。在他二十一歲之前，他已經讀完了一千本書。對於一個從未接受過正規教育的年輕人，這根本就是一個不可能完成的任務，但是威爾遜做到了。

固然每個人都希望人生處在順境中，不需要整天為了未來苦惱，可以毫不費力地到達理想的彼岸，可惜並不是所有人

都那麼幸運。當一個人由順境突然轉入逆境時怎麼辦？或者一個人始終處在逆境怎麼辦？這時候，就需要我們拋棄悲觀的情緒，用微笑來面對困境。

原一平說：「走向成功的路有千萬條，微笑和信心只是助你走向成功的一種方式，但這又是不可或缺的方式。」如果你的長相不好，就讓自己充滿才氣；如果連才氣都沒有，那麼就保持微笑。

當我們受到他人曲解時，可以選擇憤怒，也可以選擇微笑；當我們遭遇事業的滑鐵盧時，可以選擇悲觀放棄，也可以選擇微笑應對。微笑是一種表情，更是一種應對生活的態度。

患得患失只會自尋煩惱

「動輒得咎」，說的是只要你行動，你選擇做事情，就會有得有失，就可能受到責備。很多人或者說大多數人，一輩子都徘徊在得失之間患得患失。他們看不到長遠的目標，只好緊緊地盯住眼前的一切，最後他們只看得見眼前的利益，而損失了內心的標準。

其實，得到和失去就像是錢幣的兩面，當你看到正面時，就一定看不到反面，你看到反面時，就看不到正面。既然永遠

都無法同時得到或失去，就需要我們用正確的心態對待生活中的得失，不過分計較。

電視劇《神奇律師》在籌拍第二季前，所有的演員都開始放假。這時，米勒接到一封來自好友班的電子郵件，詢問他是否有興趣參加南極洲的越野賽。米勒感到非常意外，甚至震驚得從椅子上跳了起來。

在驚喜之餘，米勒也面臨一個重要的選擇。如果他真的去了南極的話，需要先到挪威集訓，然後才能開始準備越野賽，當第二季開拍的時候，他可能就沒有機會參加了。對於已經在電視劇裡客串過各種小角色的米勒來說，這是一個不小的損失。不過，當他將這個訊息和其他兩個好友分享時，他們卻覺得值得冒這個險。「不是所有人都有機會在冬天的挪威跳入冰冷的湖水中。」

當米勒首先來到寒冷的挪威，學習適應南極洲的生活時，他就知道自己選對了。每天從帳篷中出來，他們就需要做好徒步一天的準備，看著天空中炫目的極光，他和隨隊的攝影師激動得手舞足蹈。在特訓中，他學會了越野滑雪，學會了駕馭雪橇，學會了怎樣在冰川上生火以及怎樣防止凍傷。

後來米勒回憶說：「當時我覺得，這一切太美好了。雖然錯過了第二季的拍攝顯得有些遺憾，但是這趟旅行非常值得。」

生活中總有一些人，他們做什麼事情都要反覆思考，再三

衡量價值之後才能做出決定。即使事情已經開始了,他們還是放心不下,各方面地觀察和探究,擔心事情搞砸,也擔心別人對自己的看法。這種患得患失的態度,讓自己辛苦,也讓身邊的人覺得辛苦。

有一句話說得好:「人生常有得有失,但不可患得患失。」隨性而為或許有些冒險,展示的卻是最真實的自己。擺脫了整日籠罩的陰影,心裡反而能夠得到更多的安寧。

《孔子家語》裡記載著這樣一個故事:有一天,楚王外出遊玩,不小心丟了他的弓,手下的人正要去找,楚王說:「不必了,弓掉了,總會有人撿到,不管怎樣,反正都是楚國人得到,又何必再去找呢?」

孔子聽說這件事,感慨道:「楚王的這種心態很好,但楚王的心還是不夠大呀!為什麼不講掉了弓,自然會有人撿到,而去計較是楚國人撿到呢?如果能這樣,那不是更加不會計較,更加放得開,更加自在了嗎?」

接受人生的不完美

在日本茶道界,有一位德高望重的茶道大師 —— 千利休。千利休是一個典型的完美主義者。

　　有一天，他讓兒子正庵打掃茶室的庭院。正庵打掃完畢後，回來向千利休報告。千利休檢查了一遍，說：「還不夠乾淨，再打掃一遍。」正庵到庭院中繼續打掃，然後回來報告，可是千利休還是說：「還不夠乾淨，再打掃一遍。」累到無語的正庵第三次打掃庭院，結果千利休依舊說：「還不夠乾淨。」

　　惱怒的正庵對千利休說：「爸爸，踏腳的石頭我已經洗了三次，石燈籠和樹木通通灑過水了，青苔和綠蘚都很翠綠，地上連一小片樹葉都沒有了，再也沒有可以掃的東西了！」

　　千利休說：「這根本不是打掃庭院的方式！」說著，千利休幾步走入院中，抓住一棵樹搖了一下，一瞬間地上就布滿了各種顏色的落葉，千利休說：「這才是打掃庭院的方式。」

　　千利休一輩子都在追求一種近乎自然的完美主義，連生活中的小事也不放過。

　　其實，完美主義者要求的並不是一塵不染，而是一種意識上的純淨。當創造了一種優美和精細的高尚生活時，完美主義者才算完成了對自身生命最美的詮釋。然而，只要我們從精神世界回到凡夫俗子的塵世就會發現，完美主義者的完美情結有著一種近乎自虐的固執，不僅讓自己生活在一種嚴苛的要求中，也讓身邊的人跟著受罪。

　　傍晚時分，蘇珊在超市裡耐心地挑選著水杯。雖然水杯的樣式齊備，可是她挑來選去都沒有挑到完全合意的。大一點

的，提著太重，且和她的淑女氣質不相符；小一點的，樣子倒是挺好看的，卻需要不停地跑茶水間，一點都不實用。還有的，要麼是用料差，要麼是不夠時尚，蘇珊不住地抱怨道：「生產水杯的廠商怎麼一點想像力都沒有！」

兩個小時過去了，她終於挑到了一個樣子典雅的不鏽鋼保溫杯，到了收銀臺又發現，現在是冬天，拿著冰冷的不鏽鋼外殼實在難受。蘇珊放棄了結帳，重新回到水杯專櫃，繼續挑。

一同陪伴的莉亞也是不久前聽聞蘇珊的完美主義情結，沒想到見到真人後，發現她是一個不折不扣的完美主義者。正是因為對生活的一切都非常講究，每一個細節都要滿足她的要求，使得公司的同事一邊佩服她的能力，一邊對她敬而遠之。

蘇珊相貌迷人，能力超強，名牌大學的出身更為她的職業發展打下了良好的基礎。如果換作別人，可能早已開始享受生活，規劃自己的家庭未來了。蘇珊卻將所有時間都放在了工作上，成為公司最有名的工作狂。

說到專業知識，她不僅在管理上很有手段，還非常熟悉投資、金融領域。她卻永遠是公司最勤奮、最敬業的員工。她每天就像一臺推土機一樣，剷平前方的一切麻煩。每個週末，蘇珊都會自願到公司加班，從不申請加班費。正因如此，原本三個月完成的專案，她一定要在兩個月之內搞定，於是，配合專案工作的同事就要跟著她一起受苦。

在工作上，一旦有人出現紕漏延誤了她的程式，除了等著挨訓，就是拎包走人。因為蘇珊時刻監督著每一個細節，絕對不允許工作中出現差錯。即使因為這樣，剛過三十歲就患上了神經衰弱和胃潰瘍，她也不肯享用公司的帶薪休假。

蘇珊承認自己是一個完美主義者，她無法讓自己輕鬆下來。「我根本不能接受事情變得糟糕，或者讓那些蠢貨搞砸了我的專案，就是這樣，我沒有辦法放棄。」

儘管完美主義者古來就有，但是在這個競爭激烈的社會，好像越發多見。實際上，單純地追求完美並不是一件壞事。那些能夠堅持自己主張的人，往往內心目標明確，而且意志堅定、自律性強，能夠按照目標規劃行動，且常常取得非凡的成就。

可是，正是這些優秀的成績和過人的聰明才智，讓他們變得比一般人尖銳，無法忍受得過且過的日子，更忍不住對那些含糊了事的人嗤之以鼻。所以他們眼裡容不得沙子，更容不下自己的缺點，對他人刻薄，對自己更加刻薄。

這些完美主義者，有些是自知的，有些卻是不自知的。他們只知道不斷地向前，完美地完成一項工作之後，再朝著另外一個完美出發。可是，這些完美主義者永遠不會想到，或許瑕疵也是一種美好。就像我們看斷臂的維納斯一樣，雖然有缺陷，但是更真實。

強大的內心不在於我們能夠將事情做得多麼美好，多麼完美無瑕，而在於我們能夠接受不完美的世界。人生總是不完美的，工作也是不完美的，愛情同樣無法完美，過分追求完美本身就是瑕疵和缺陷。坦然地接納這個世界的不完美，我們才能從容地應對外界的變化，平靜地生活。

珍惜已經擁有的幸福

在印度，有一個非常古老的故事。一個高人挑選了一百個自認為最倒楣、最痛苦的人，讓他們將自己的痛苦寫到一張紙上。等所有人都寫完了之後，高人讓他們將手中的紙條互相交換。這些人被高人的舉動搞得一頭霧水，但還是按照他的要求做了。他們互相交換紙條後，看到了別人的痛苦。這時，他們才知道，和別人相比，自己並不是世界上最不幸的人，因為有很多人過得比自己更痛苦。

看看生活中很多過得不快樂、不開心的人，是不是也像那些人一樣，覺得自己是最不幸的人呢？人們最容易犯的錯誤，就是整天羨慕別人的幸福，而對自己的幸福熟視無睹。同時，還會對自己的不幸耿耿於懷，卻永遠看不到別人的不幸似乎更加嚴重。

那些自認不幸的人應該常常這樣想，如果你每天起床還身體健康，還能自由地呼吸和活動，那麼你已經比很多人幸運了，那些久臥病榻的人，他們隨時可能看不到明天的太陽；如果你生活在和平的社會，沒有經歷過戰爭的危險，沒有忍受飢餓和恐懼，那麼你已經比幾億人幸運了，那些處在衝突地區的平民，隨時都可能被砲彈奪去生命。

人要學會知足，因為這個世界上還有很多比你更不幸的人。

在朱德庸的漫畫中，描繪了一個對生活失望的女生。她覺得自己過得非常不幸，終於有一天，她選擇了跳樓自殺。

她從高樓上慢慢地往下墜，看到了每一層人家的不幸生活。住在十樓的年輕夫婦一向以恩愛著稱，此刻卻在爭吵中動起手來，正在互毆；住在九樓的小夥子向來給人陽光、堅強的笑臉，此刻卻在一個人偷偷地哭泣；八樓的小姑娘被男友背叛，此刻正將男友和自己最好的朋友捉姦在床；七樓的中年女子身患憂鬱症多年，每天需要服用抗憂鬱藥才能正常生活；六樓剛剛失業的阿喜正在報紙堆裡尋找各類的應徵訊息……

在她跳下樓之前，她以為自己是世界上最不幸的人，當她漸漸接近地面，看盡了眾多人的不幸遭遇時，才發現每個人都有不為人知的困境。當她轟然落地，所有的人都從視窗探出頭來看她，「這個時候，他們應該覺得自己過得還不錯吧。」她想。

為什麼我們總是羨慕別人的幸福而忽略了自己擁有的呢？

為什麼我們總是誇大自己的不幸而看不到他人的不幸呢？為什麼我們的生活水準在提高，幸福指數反而下降了呢？

有時候，我們真的需要換位思考一下，感受一下別人的痛苦，然後再回頭來看看自己的生活。這時，不僅可以淡化自己的煩惱，同時還會感恩於自己擁有的一切。

有一個滿懷志向的年輕人，他從家鄉來到一座大城市，想要透過經商賺些錢，然後衣錦還鄉，光耀門楣。年輕人很聰明，不到三年的時間就賺到了一個不小的數目。他將所有的錢都投到了下一批貨品裡，本想做完這一單後，就可以回老家給父母修一座新房子，讓他們過一個幸福的晚年。不料，一場大火燒光了他所有的庫存，一切美好的規劃都成了泡影。

陷入絕望的年輕人來到了一座山崖上，想要從山崖上跳下去，結束自己的生命。當他走到頂端時，發現山崖上有一個老人，正在左右踱步，徘徊著想要跳下去。年輕人走到老人跟前，好奇地問老人：「您為何在此徘徊啊，難道也要尋死不成？」老人說：「我身患重病，這幾年看病花掉了家裡所有的積蓄，可是看遍了名醫依然不見起色。眼看著妻子、兒女整天為我奔波受累，生活上省吃儉用地幫我籌措醫藥費，我實在是看不下去了呀。如果我死了，他們過日子就可以輕鬆一點，也能夠考慮自己的生活了。」

年輕人正在思慮著老人的話，老人回過頭來問他：「小夥子，

你又是為何來到這裡呀？看你年紀輕輕的，難不成也是來尋死的？」年輕人將自己的不幸遭遇向老人講述了一遍。老人說：「看來你運氣也不好，咱倆沒差到哪兒去呀。」年輕人說：「我原本以為自己太不走運了，可是像我這樣的應該還有很多。我不過失去了三年奮鬥的結果，但是我還年輕，隨時可以從頭再來。」老人也說：「我也一樣啊。我不過暫時失去了健康，可是我還有賢惠的妻子和孝順的兒女。我應該感到知足才對呀。」兩個人說著，離開了懸崖，朝著人生路繼續向前。

希望就在絕望的邊緣

有一個年輕人到商店裡去買碗。來到店裡，他隨手拿起了一個碗，開始碰其他的碗。聽著碗與碗之間碰撞後發出的沉悶的聲音，他失望地搖搖頭，接著去試另外一個碗。他將店裡的碗通通敲擊了一遍，也沒有找到一隻令自己滿意的碗。

這時，老闆拿出了店裡的一隻精品碗，結果年輕人還是失望地搖搖頭。老闆非常納悶，於是問他：「你到底想要找什麼樣的碗呢？」年輕人得意地說：「曾經有人告訴我一個挑碗的訣竅，當一個碗和另一個碗輕輕相碰時，就會發出清脆、悅耳的聲響。那麼它一定是一個好碗。」

老闆聽了年輕人的訣竅，隨手拿起一個碗遞給他，說：「你拿著這隻再去試試，保管你能挑中心儀的碗。」年輕人狐疑地拿過碗，重新回到貨架上開始敲擊。奇怪，竟然真的挑出了他中意的碗。

年輕人問老闆說：「這其中有什麼因由嗎？」老闆笑著說：「道理很簡單，因為你剛才拿的那個碗本身就是次品，你用它去試，碰撞每個碗的聲音必然都是渾濁的。」年輕人恍然大悟。

實際上，挑碗和做人是一個道理。當你帶著一顆冷漠的心對待生活時，生活也只能回報你一堵堵厚厚的牆和一顆顆冷漠的心。相反地，對待周圍的人和事，帶著一種永不放棄的熱情，用樂觀尋找樂觀，最後才能有所收穫。

同樣是活著，有的人活得精彩，活得出色；有些人卻活得失意落魄，愁眉不展。其中的差別，就在於態度和選擇。有人說，積極的人像太陽，照到哪裡哪裡亮；悲觀的人像月亮，初一十五不一樣。做個積極向上的人，即使身在谷底也能看到希望。

在《縣廳之星》中，野村是一個命運多舛的縣廳公務員，雖然工作成績和自尊心都要高人一籌，卻時運不濟，在晉升的路上繞了一大圈。慶幸的是，野村一直帶著一種積極向上的人生態度，對人生的未來充滿希望。

初到縣廳工作，野村已經表現出強烈的升遷意圖。他熟識

官僚機構的執行操作，也了解自身的缺陷所在。因此，他壓抑著驕傲的自尊心，忍受著傲慢無禮的上司，對上司的決策悉數接納，然後小心地操作。同時，他還交到了一個家世雄厚的女朋友，有了出身名門的女朋友做自己堅實的後盾，野村的人生可謂順風順水，前途無量。

除了眼前的工作，他還準備策劃一個「特別護養老人設施建設」的大專案。只要將這個專案順利搞定，他就可以藉著這一跳板，順利地向更高的地位邁進。可惜，這個專案遭到了人民團體的反對，眼看著一塊到嘴的蛋糕就要變成別人的，野村甚是著急。

偽善的上司向野村提議，可以到基層進行視察，熟悉了人民的意願之後才可以知己知彼，重新開始。實際上，這不過是上司想放棄他的手段，不久後，他就被「特別護養老人設施建設」專案組除名。無奈之下，野村來到了被當地稱作「龍頭企業」的地方 —— 一家客人零零星星、店員慵懶成性的超市。從一帆風順的仕途上，一下子掉落到慘澹的超市，野村內心非常痛苦，他的一身才華也失去了用武之地。福無雙至，禍不單行。就在他工作不順之時，作為他晉升後盾的女友也和他提出了分手。此刻，他的人生徹底跌入了谷底。

度過了一段消沉頹廢的日子之後，野村重新振作了精神，開始真正關心超市的生死存亡。在這個沒有檔案手冊和組織圖

的超市裡，野村的才華顯得大材小用，不過他還是耐心地制定了一個工作手冊，讓鬆散的工作氛圍開始緊張和忙碌起來。

在超市面臨倒閉時，野村努力爭取，一位美麗的女職員也幫助野村一起度過了危機。他們成功地向縣政府申請到給超市翻新的材料，還迫使縣政府廢除了勞民傷財的工程，而野村本人也重新回到了生活的正軌，朝著他的縣知事目標努力。

人生很多時候都是這樣，眼看著勝利就在前方，目標唾手可得，往往就在關鍵時刻失之交臂。可以說，挫折就是一把雙刃劍，事情的結果往往取決於我們的態度。遇到困難的時候，不妨將這逆境看作是考驗自己的機遇。積極地應對，永遠抱著對自己的信心，對未來的期待堅持努力，只要不放棄，希望永遠都在。

從前，有兩個盲人靠說書賣唱謀生。師父帶著徒弟，每天坐在街邊，賺一些錢勉強維持生活。徒弟拜師多年，一直都沒有學好琴藝，因為他整天都在為自己的眼盲發愁，賣藝時也只是坐在角落裡唉聲嘆氣。師父常常訓斥他：「你不學好手藝，等我死了，看你怎麼活？」

有一天，師父真的病倒了。臨終前，他對徒弟說：「我這裡有一張復明的藥方，我將它封進你的琴槽中，當你彈斷一千根琴弦的時候，你就可以取出藥方。記住，你彈斷每一根弦子時必須是盡心盡力的，否則，再靈的藥方也會失去效用。」徒弟牢

記師父的遺囑，為了自己的眼睛能夠復明，每天苦練琴藝。

　　一晃，五十年過去了。徒弟已經頭髮花白了，臉上長滿了皺紋。一天，他終於彈斷了第一千根琴弦。他迫不及待地開啟琴槽，取出裡面的藥方。當他帶著藥方到藥店抓藥時，藥店的夥計告訴他，那不過是一張白紙。

　　失望之餘，徒弟終於明白了師父的良苦用心。這麼多年來，他為了儘早地得到藥方，始終帶著期待苦練手藝，最終他憑藉手藝活了下來，並且成為遠近聞名的藝人，師父的藥方就是他今天學到的手藝。

Part 6
做一個精神上的強者

　　在逐漸調整外在的自己，努力適應社會生活時，你一定不要忘了心中的堅持，堅持「不尚武，不尚力，而尚心」。這「尚心」指的就是品質，是一個人的人格。

隨遇而安但不隨波逐流

《莊子‧外篇》中《知北遊》一篇記載：「仲尼曰：『古之人，外化而內不化；今之人，內化而外不化。』」所謂的「內化」和「外化」，就是指改變人內在的本性和順應外界的環境。

莊子在這一篇中探討了人的自然本真和外界事物之間的關係，而他本身堅持的原則就是「外化而內不化」，意即人可以為了適應社會、適應時代而做出一些改變或者退讓，將自己融入大環境中。外在隨遇而安，但是不隨波逐流，不能失去內心堅持的東西，不曲意逢迎、不攀附權貴，堅持自己做人做事的原則，同流但不合汙。

「外化而內不化」，這話說起來簡單，但做起來難。畢竟，在生存大於理想的年代，社會上的誘惑越來越多，能夠保持平衡的心態尚且不易，保持一份泰然自若的胸襟更難。如果一個人只有內心的堅持，脫離了社會系統的支持，又拿什麼來生活，拿什麼來維持自身的社會角色呢？由此說來，思隨真理、言隨大眾不失為一種適應社會、保持自我的方法。

莊子在《秋水篇》裡講了一個這樣的故事。

孔子出去遊學，當他到達匡地的時候，突然遭到一群當地人的圍攻，他們一層一層地包圍起來，越圍越多，越圍越多，將孔子一行人圍在了中央。

孔子坐在地上，一邊聽著周圍的兵刃之聲，一邊唱著歌。這時，子路慌慌張張地走過來，對孔子說：「外面都這樣了，您還有娛樂之心啊？這些人不知道因何而來，看來我們要有性命之憂了！」孔子淡淡地說：「你過來，我告訴你。」子路走到孔子身邊，孔子說：「你看看我這個人，我一直都在躲避窮困之境，卻始終沒有躲開，你知道這是為什麼嗎？這是我的命！我也求通達，但是從未通達過，為什麼呢？這是時運不好！

　　「在真正的治世，清明太平的時代，是沒有窮困可言的；而在暴君當道、虎狼掌權的時候，也沒有哪個通達之士可以顯露出來。如今的這一切也是我們躲不過去的。

　　「世界上有很多不同的勇敢：一個人在水中穿行而不避蛟龍，這是漁夫之勇；一個人在陸地行走而不避猛虎，這是獵人之勇；一個人在白刃相交於前，能視死若生，這是烈士之勇；臨大難而不懼，這叫聖人之勇。

　　「窮困或通達有它自然的道理，當你知道時運如何，心中有所秉持，這樣才能夠在大難當前時，做到泰山崩於前而不驚於色。既然我們命定如此，你就稍安勿躁，在這裡待一會兒吧。」

　　子路雖明白其中道理，卻難耐心中害怕，顫顫巍巍地在孔子身邊坐下。過了一會兒，一個身穿甲冑的人走了過來，對孔子說：「對不起，我們搞錯了，我們要圍的是一個叫陽虎的人。」

　　《論語》中也曾記載，陽虎的面貌和孔子有點相似。正因如

此，這些人才弄錯了，造成了一場誤會。不過，從這場誤會中我們也可以看到，孔子是如何做到「內不化」的 —— 人只有內心的強大、安靜和勇敢，有所秉持，無懼無畏，才能在外在上處變不驚、遊刃有餘。這也是莊子寫這個故事的最終目的。

每個時代的人都有內心需要堅持的東西。比如近代革命家那種「獨立」「自強」的精神，文藝學者堅持「民主」「科學」的精神。在這個時代，年輕人最應該堅持的就是心中的品格。

或許你不得不將自己變成一個發條橘子，每天準時上下班，在封閉的格子間中埋葬自己的青春；或許你不得不小心做事、謹言慎行，生怕哪次言行不當得罪了上司，從此前途無望；或許你不得不眼看著不公平和黑暗的存在，卻只能內心痛苦，無能為之。但是，在逐漸調整外在的自己，努力適應社會生活時，你一定不要忘了心中的堅持，堅持「不尚武，不尚力，而尚心」。這「尚心」指的就是品質，是一個人的人格。

讓心湖風平浪靜

日本江戶時代曾經有一個大師，他每每教導他人，都要眾人平心靜氣，用佛心和高尚的品德要求自己。因為他的講道深入淺出、通俗易懂，因此許多內心存有困惑的人都來拜謁或

者請求開釋。不過，他有一個習慣，常常在開釋之前讓信徒們靜坐冥想一番，將內心中的浮躁之氣沉澱下去，他才開始耐心解說。

一天，寺院裡來了一位陌生的信徒。他對大師說：「大師，我的性情暴躁，常常無故發火得罪人，為此我很是困擾。請問您有什麼辦法能幫我改正嗎？」大師思慮片刻，對這位信徒說：「看你風風火火地趕來，一定是真誠相求，我會盡量幫你的。不過，你先坐下來吧，坐下來想想你的暴躁。」

信徒聽從大師的話，在一塊青石板上坐了下來。可是，沒過十分鐘，他又問大師：「不行啊，大師，我現在想不起暴躁的性情。一般情況下，當我碰到具體的某一件事時，它就會自動跑出來的。」大師沒有考慮他的意見，讓他繼續閉目冥想。

過了一會兒，信徒實在是忍不住了，站起來對大師說：「您還是直接告訴我改正方法吧，我坐在這裡只是心中煩躁，毫無用處。」大師搖搖頭說：「只有你閉目冥想時，才能封鎖外界的障礙，進入內心的環境，才能找到你的暴躁之源。」

信徒再三請求，大師都沒有為他講解方法，他瞬間就變了臉色，指著大師說：「我看你根本就是個幌子大師，因為你什麼辦法都沒有，所以才讓我坐在這裡空想，我再也不要相信你的鬼話了。」說著，他踢開院門悻悻離去。

世上總是有人將自己的過錯推給他人或者上天，殊不知，

一切因果都是源於自身。那些被自身缺點所控的人，在人生的某一階段總是會艱難前行，如同那位陌生的信徒一般，他永遠不知道靜不下來就是「躁」，永遠對沉靜內心這件事抱有牴觸，他就將永遠活在暴躁和憤怒中，得罪別人，煩惱自己，心湖永遠是波濤洶湧，無法風平浪靜。

　　一般有智慧和德行的人，他們對生活、對事業、對自身都有一個端正的態度，其原因就在於內在的修練。透過靜坐或冥想，讓眼睛逃離塵世的干擾，將注意力從外轉到內，消除外界帶來的躁氣，從而解決自身的困惑和憂愁。

　　佛家常說，一個人的修行如何，不用看別的，只要看色相，就能看出修行的品質和程度。一個能夠專注於某一問題，沉靜思考的人，必定是內心清淨、心境平和的。所謂「學問深時意氣平」，心境平和的人，做學問就不會浮躁誇張。

　　夏天，院子裡的草地枯沒了一大片，珍妮佛趕緊找來爺爺說：「我們快撒些種子吧，否則草坪就要變成爺爺的頭頂了。」爺爺笑笑說：「不著急，等天涼了再說。」

　　到了八月中旬，爺爺買回來一大包種子，帶著珍妮佛一起播種。可是，院子裡颳起一陣秋風，種子隨風飛舞，有的被吹到路面，有的被吹到空中。珍妮佛大聲喊著：「種子飛走了，種子飛走了……」爺爺說：「沒有關係，吹走的種子無核，落下來也不會發芽。」

　　當天夜裡下了一場大雨。珍妮佛衝到書房，哭著對爺爺說：「這下完了，我們的種子肯定會被雨水沖走的。」爺爺正在看書，眼皮都沒有抬一下，安慰她說：「相信我，一定會長出草的。」

　　半個月過去了，禿掉的草坪上長滿了青苗，一些未播種過的角落也開始泛著綠意。珍妮佛高興得直拍手，爺爺站在門口說了一句「一切隨緣」。

　　許多時候，人羨慕別人的快意和上升，就無法修練提高自己，進德修業也常常無功而返。心氣不平時，看事物不客觀，體驗彼此也不能全面。心平，浮躁之氣遠離，彷彿腳下生根，任憑風吹雲動，波濤洶湧，皆可免於沉浮。所謂不浮，也就是不惑於此。

　　沉靜的內心是一種胸襟氣度，也是一種氛圍，一種廣大自在的心理狀態，就像和風、輕雲、流水一樣，是需要閱歷滄桑、壯懷激烈之後才能生出一種平和。對於你我凡夫俗子，若不能氣質平和，至少處世隨緣，莫強求自己，也不逼迫他人，這樣浮躁的內心便可隨著時間慢慢沉靜。

　　一個法國的軍人在大革命中受傷了，他每日酗酒消沉，過著沒有希望的日子。三個月前，他還是一個熱血的青年，為了心中「自由、平等、博愛」的理想奔赴沙場。此時，他憎恨這個國家，憎恨那些鼓吹革命，卻又不斷將財富塞入自己腰包裡的人。他也憎恨自己，失去了信仰的身體不過是沒有靈魂的軀

殼，如果不是母親苦苦地哀求，他恨不得一槍斃了自己。

　　兩年過後，這位軍人依舊過著昏天黑地的生活，整日酗酒，流連妓院和賭場，不問世事，也不想以後的人生。有一天，一個朋友告訴他，在一個偏僻的小鎮上有一個特別靈驗的泉眼。這個泉眼不是一般的山泉，而是帶著靈性的水源，很多人都在那裡治好了病。

　　軍人拄著枴杖，來到了鎮上。他一瘸一拐地走在小鎮的街道上，當地的居民帶著輕蔑的口吻說：「可憐的傢伙，難道你想向那神奇的泉眼要一條腿嗎？」軍人停住了腳步，轉身對他們說：「我不是要求有一條新的腿，而是要請求它幫助我，教我在沒有一條腿後怎樣過日子。」

　　當來到泉水出口時，他看到了一位老者。老者從山泉中舀出一碗水，對軍人說：「這碗水可以免費給你喝，條件是你要放棄過去的生活，讓自己重新開始人生。」軍人答應了老者的要求，如願地喝到了神奇的泉水。

　　回家之後，軍人不再沉迷色情和賭博，而是在一家二手書店找到了一份祕書的工作。二十年後，他成為紅極一時的暢銷書作家，而他一生的追求就是拯救那些身陷困境中的人們。

嘴是別人的，路是自己的

在 20 世紀 30 年代的上海灘，演藝界有一位奇女子叫做阮玲玉。她教育程度不高，在戲劇中卻能夠準確地詮釋人物。在她所有的作品中，當屬《神女》最為傳神，她將一個品格崇高的母親和一個地位卑微的妓女融合為一體，演出了人物的靈魂。即使當時的「電影皇后」胡蝶也不得不承認：「阮玲玉演得了我演的角色，但我演不了她演的角色。」可惜，在演戲上頗有造詣的阮玲玉，最終卻死在了「人言可畏」的上海灘，年僅二十五歲。

當時，和阮玲玉同居過的唐季珊和張達民為了爭奪她，將彼此之間的私事鬧到了法庭上。張達民狀告唐季珊侵吞自己的財物，霸占自己妻子，要求他把阮玲玉還給自己，並且賠償高額的精神損失費。唐季珊則狀告張達民捏造事實、顛倒黑白、損害名譽。他們的官司你來我往，在法院一審再審，持續數月之久，期間上海的小報則大肆做宣傳文章，將阮玲玉批作「可恥的蕩婦」「罪當容誅的禍水」。甚囂塵上的言論抨擊讓阮玲玉有苦難訴，最後走上了自殺的絕路。

提起阮玲玉的故事，除了讓看過電影的人更加懷念這位頗具天賦的演員，更為「人言可畏」這句話感到驚心。魯迅也說：「她們的死，不過像在無邊的人海裡添了幾粒鹽，雖然使胡扯的

嘴巴們覺得有些味道，但不久也還是淡，淡，淡。」可見輿論的力量從來不會因為某個人的殉死而停止，反而會滋生出更多話題，引來更多非議。

非議永遠來自不同角度的評價。似乎每個人都試圖從自己的立場評價別人，更有甚者是出於一個固有的目的去評價別人。這時候，立場就會變得十分多樣化，評論的內容和程度也會有所差別。不過，評論者或許永遠不知道，當自己得到想要的利益時，被評論者會受到怎樣的影響甚至傷害。

在資訊異常發達的今天，任何人都能成為評論者，任何人都可能被非議。這時，就需要我們擁有強大的內心世界，練習淡定從容的心態，讓那些想說的人、想議論紛紛的人儘管說去。有時候，無視就是最好的應對策略，我們只需要依舊吃飯，依舊睡覺，依舊做自己的事。

從前，有一個人非常嫉妒釋迦牟尼，於是便跳到釋迦牟尼的面前大聲叫罵。可是無論他怎樣高聲叫嚷，釋迦牟尼始終保持沉默，不予理會。

當他罵得口乾舌燥、氣喘吁吁時，釋迦牟尼問他：「朋友，如果有人送你東西，而你並不想接受的話，這個禮物最後該歸誰呢？」那個人不假思索地說：「當然要還給那個送禮物的人。」

釋迦牟尼立刻笑著說：「那麼，剛才你罵我的話，我並不想接受，那麼這些話現在要歸誰呢？」這一反問，使得那人無言以

對，瞬時覺得自己太過分了。於是，他立刻向釋迦牟尼道歉，並立下誓言，表示今後再也不敢如此放肆了。

後來，釋迦牟尼講道時，對弟子們說出了這段親身經歷，並訓誡他們說：「受到他人責罵，就想反唇相譏，這當然是人之常情。實際上，這也不過只是逞口舌之快罷了，就好像向空中吐痰一樣，不但傷害不到對方，反而會濺回自己身上，徒然自取屈辱，傷害自己的尊嚴。」

凱恩斯有句名言：「長遠來看，我們都死了。但死了之後，跟在你名字後面的還有你為這個世界做的事情。你放心，那些指指點點的非議絕對不在其中。」

許多人看重來自他人的非議和責罵，將那視作一件有害生命，必須除之而後快的大事。於是想方設法針鋒相對，甚至尋求報復。其實，我們完全可以無視他人的非議，自在地過自己的生活。如果那恰好是無中生有的流言，不是正好讓它不攻自破嗎？

有朋友轉告胡明說，有一位同行覺得他非常傲慢。有趣的是他甚至不認識這位同行，連名字都沒有聽說過。經過同事的提醒，他才勉強想起來，唯一的一次接觸就是在上個月的商務飯局上。

當時，胡明由經理帶著入場，一大桌子人他一個都不認識，於是他找了一個角落，安靜地坐了下來。一個晚上，他只跟旁

邊的人說了話，交換了名片，有的人打了聲招呼，有的人則連臉都沒記住。那個在背後議論他的人，猜想就是「連臉都沒記住」那組裡面的。就因為如此，胡明被冠上了一個「傲慢」的帽子。

不僅如此，當天出席飯局的經理則被認為是「渾身銅臭味，俗不可耐」。胡明猜測，經理一定一整個晚上都在和他們談論如何選精品房地產、如何保養亞曼尼西裝和如何餵養他家的狗吧。在胡明眼中，經理的確有俗不可耐之處，不過相較於其他的經理，他更熱心、更有膽識、更有魅力。

同事問胡明：「這週還有一個飯局，要不要去摘掉『傲慢』的帽子，扳回自己的形象？」胡明說：「嘴長在他身上，讓他說去。我下個月的廣告單就簽他們家，讓他看看這到底是『傲慢』，還是『偏見』！」

坐在舒適軟墊上的人容易睡去

老鷹在繁殖幼鳥時，一定會將巢穴築在樹梢上或者懸崖峭壁上。不僅如此，它還會在巢穴裡放上荊棘和石子，然後銜些枯草、羽毛放在上面，做成一個並不那麼舒適的窩。

老鷹餵食幼鳥幾週後，如果它覺得幼鳥已經足夠強壯，可

以飛出去獨自覓食了，它就會殘忍地攪動鳥巢，讓巢裡的枯草和羽毛掉落，露出下面堅硬的石子。即使幼鳥痛苦得嗷嗷直叫，老鷹也不會放棄自己的打算。當巢裡可以依靠的東西越來越少時，幼鳥會狠狠地抓住荊棘，儘管那樣很痛苦，但至少不會馬上掉下去。這時候，老鷹會從遠處飛過來，將幼鳥從巢穴中「推」出去。不要以為老鷹會殺死自己的孩子，在墜落的過程中，幼鳥為了自救，牠會本能地張開翅膀，從此學會了飛翔。

很多家長對待孩子就像老鷹這樣。當孩子漸漸長大，就會慢慢讓他們習慣離開家的生活，開始學著獨立生活。剛開始，孩子可能會像幼鳥一般，會想家，會哭泣，會苦苦地掙扎，那都是必經的成長過程。如果沒有老鷹狠心的一推，幼鳥永遠不會成長為鳥中之王。鷹之所以成為鷹，正是因為它們從小就擺脫了依賴，學會了獨立地面對大自然的挑戰。

不過，生活中也有很多「依賴型」的人。他們習慣活在別人的幫助之下，缺乏獨立的見解，而且一旦脫離他人的支持，就無法獨立面對周遭的世界。的確，依賴他人能為自己省去很多煩惱，只要有人幫忙做事，自己就不必費心思。然而任何事情都是兩面的，當你覺得來自他人的幫助讓生活變得簡單而順暢時，也在無形中為自己種下了禍根。

愛默生說：「坐在舒適軟墊上的人容易睡去。」依賴他人的習慣會讓我們漸漸磨掉雄心壯志，當喪失依賴或者依賴他人也

無法解決問題時，才是人生中最悲哀的一刻。

薛剛是一個大公司的老闆，年過半百之後，他對事業已經沒有過多的要求，唯一的希望就是兒子能夠儘早接手公司的業務，自己好安心在家頤養天年。可是，兒子卻過分依賴自己，始終無法獨挑大梁。

兒子回國後，薛剛安排他作為一名普通的員工，「潛伏」在公司的底層。他希望兒子能夠在那裡鍛鍊鍛鍊、吃吃苦頭，同時還能熟悉公司的整體結構和運作模式，以便今後掌控公司。可是沒到一個月，兒子就因為業務拖沓被主管上司批評，兩人鬧翻之後，他的真實身分也暴露出來。

薛剛的計畫泡湯了，只好讓兒子變成「空降部隊」，直接到總經理辦公室做助理。職位晉升後兒子更加頑劣，仗著在老爸身邊工作，每天想幹什麼就幹什麼，稍微遇到困難就甩手不幹，等待薛剛出面解決。薛剛特別後悔從小對兒子的嬌慣，讓他養成了衣來伸手、飯來張口的壞習慣，以至於到他成人以後，依舊不能承擔起責任，像個孩子一樣躲在父親的庇蔭下，任性胡為，整天做些荒唐事。

任何人都不應該成為我們依賴的對象，即使是父母兄弟。當你依賴他人越多時，就證明自己即將失去越多。過分依賴別人，不僅會讓自己失去主動權，還會慢慢地失去自我，喪失對生命的主宰權。

依賴也好，不自立也好，不過都是心態在作祟。貪一時便宜的人會覺得，能夠獲得他人的支持和幫助是一種幸運，從不利的方面來看，對他人的依賴實際上是一種不幸。給你錢的朋友只會讓你喪失人格，鞭策你、毫不留情地指出你缺點的朋友才能使你自立。

　　一位名叫羅進的華裔人士，雖然身患殘疾，卻從未放棄過追求理想和美好的生活。他的每一次努力都是憑藉堅持和毅力完成的。

　　羅進在五歲時不小心從岩石上跌落，雙耳失聰。後來，他被送到了聾啞學校學習手語，在那裡，他不僅學會了另外一種語言，還遇到了自己的終身伴侶 —— 欣。

　　後來，欣跟隨父母移民美國，兩個人被迫兩地分居。欣在美國工作，一直存錢幫助羅進移民，希望兩人能在美國相聚。兩人結婚後，羅進用了五年的時間終於順利到達美國。到美國後，羅進和欣一家人擠在一個狹小的公寓內，並且在欣工作的工廠找到了裁縫的工作。不過，他並不甘願過這樣的日子。

　　在語言不通的他國異鄉，羅進沒有依賴妻子和親人的幫助，反而主動去學英語手語，希望能夠在最短的時間內換一份薪水更高、更具專業性的工作。給羅進做過課程諮商的工作人員說：「每次他都穿戴得整整齊齊，看起來非常專業。而且，他的舉止非常禮貌，看起來就像隨時準備參加面試。」

參加過一個食品製作的課程後,他在一家大型超市的烘焙部找到了一份烘焙師的工作。羅進的經理對他的表現讚不絕口,並且對他這種自立自強的精神表示佩服。每次經理誇獎羅進工作出色時,他都會說:「我不能養成依賴他人的習慣,而是要比其他人更加獨立才行。」

熱忱是人生的原力

奧蘭多是一家汽車清洗公司的經理。他工作的店面是公司十二個連鎖店之一,也是生意最興隆、員工工作熱情最高的一家店。所有在那裡工作的人都表現得很驕傲,好像他們的生活因為清洗公司而變得美好一般。

實際上,兩個月前,公司還不是這個樣子。那時候,員工已經完全厭倦了每天重複的工作。他們中有的人已經打算辭職,有的人懈怠工作,渾渾噩噩地過日子。自從奧蘭多來到公司,他昂揚的精神狀態感染了所有人,讓他們重新找回了快樂工作的日子。

奧蘭多到達公司的第一天,微笑著和每一個員工打招呼,然後將自己介紹給所有人。為了盡快地了解每一個人,他常常走出自己的辦公室,穿著工作服和員工一起工作,和他們聊

天，說笑話。公司裡所有員工的工作安排他都列在了日程表上，以便隨時應對員工的突發問題。他還創立了和公司會員的聯誼會，讓員工和顧客互動起來。

在他的影響下，公司裡的所有人開始高高興興地上班，充滿激情地工作。兩個月後，業績開始穩步上升。老闆看到了奧蘭多的過人之處，決定將他的工作方式在所有的連鎖店推廣。

長時間地在一個環境下工作，封閉的辦公室，辦公室不變的空調，時刻不離手的電腦和電話，都在一點點侵蝕著我們的工作激情和內心的熱忱。當我們成為嫻熟的技術人員之後，我們日復一日地重複著相同而瑣碎的工作，消耗著頭腦中的儲存量，開始有了一種被掏空的感覺。

這時，不少人會產生一種無助感，開始懷疑自己的能力，從而在各個方面開始著手補救。可是，試驗了許多方法之後，工作狀態還是一成不變，情緒也變得越來越低落，越來越沒有衝勁。

其實，這些人從一開始就找錯方向了。有時候，激情遠遠比方法更重要。與其運用各種技巧調整工作狀態，不如重新找回對工作的熱情。一旦你重新熱愛自己的工作，在工作中享受到成就感和樂趣，即使環境沒有變化，心情也會變得輕鬆快樂。

國際知名的建築師羅賓談及他對建築的熱情時，始終感謝的一個人就是他的父親。「可以說，我的所有關於建築的知識都

是從父親那裡學到的。我真正學到的東西不僅僅是建築知識，還有他對建築的熱情。」

「父親是一個非常熱愛工作的人，一個星期工作七天，週末從來沒有休息過。即使每天回家都是筋疲力盡，他的心情卻總是大好。當我們居住的公寓開始更換大廳吊燈，父親總是一天天地待在一樓的大廳裡，生怕那些笨手笨腳的木匠毀掉了原本的設計。」羅賓回憶說。

「當他開始建一座新的公寓時，如果馬路對面恰好有個人也在蓋公寓，父親一定會蓋得更快、品質更好。結果，那個人就會被老闆解僱，從此被趕出這個行業。隨後，父親就會買下那座未完成的公寓，按照自己的想法將它改建完成。這種工作總是讓他非常享受，比他原本獲得的成就感更大。」

羅賓繼承了父親的工作模式：帶著一百分的激情做出一百分的成績。因此，他每天晚上只睡三四個小時，整日奔走在城市的各個角落，為正在興起的一座座高樓設計圖紙、安排施工。「我實在太熱愛自己的工作了，以至於早上迫不及待地想起來去上班。」很多人聽來覺得詫異，羅賓卻非常享受這個過程。

有人問他：「你是用什麼方法保持工作品質和效率的？」羅賓輕描淡寫地說：「不需要任何方法，保持激情就行了。」

當你做著一份自己喜歡的工作時，它就不是耗費時間、勞役身體的工作了。因為工作本身已經變成了動力之源。就像蘋

果公司的創始人之一——賈伯斯一樣。他或許不是最好的電腦設計者，但他卻是最富有激情的電腦愛好者。正是因為這份包含能量的原始激情，讓他成為這一代人裡最富有創造力的人。

激情比方法重要，同樣比聰明和天賦重要。內心的那份熱忱才是推動人生夢想的動力。那些天資聰穎的傢伙往往沒有什麼成績，原因就在於他們缺乏激情。與其說他們有一大堆夢想，不如說這些人都是「空想家」。他們的腦子裡有很多偉大的念頭，甚至有許多充滿新意的想法，可是他們從來沒有動手實踐過——永遠都在紙上談兵。

工作激情來自夢想，來自努力去做，也來自瞬息萬變的周圍環境帶來的挑戰和衝擊。如果在某一個瞬間，你能夠放棄所有的顧慮和理性，問自己：什麼才是我真正想做的事情？如果現在我只能做一件事情，我會去做什麼？如果有那麼一件事讓我廢寢忘食，讓我全身心地沉浸其中，那會是什麼事？當你對這些通通做過評價之後，一定能夠找出激情的源頭。做喜歡的事情通常就意味著你的激情所在。

霍華德是傑克在 IBM 實習時的第一任主管。他是一個年過四十的中年男人，卻是一個不失幽默和風趣的好上司。雙魚座的他頭腦中總是會冒出來各式各樣有趣的點子，始終保持激情，即使在 IBM 這樣嚴苛的環境裡，他也能輕鬆應對，遊刃有餘。

傑克初到 IBM 時，就見到霍華德和其他人的工作狀態不一樣。他總是精神抖擻的，好像每天都有美妙的事情發生。於是，傑克好奇地問他祕訣，他總是笑而不語，到了後來，傑克開始死纏爛打，他才含糊地說了一句：「等你拿到 offer 的時候，我再告訴你。」

可惜，傑克最後沒有留在 IBM，而是去了 NASA 在北極的探測站做技術顧問。傑克猜想，大概以後都沒有機會知道霍華德的祕訣了，沒想到告別晚會一過，他就收到了霍華德的郵件，裡面是他的部落格連結。

「公司裡的一個同事離開，我覺得非常遺憾，原本期待他會和我一直工作下去，他卻拋下了我，選擇了北極熊。

「他時常問我，你保持激情的祕訣是什麼？其實我並沒有祕訣，有的不過是對工作的喜愛。當我第一次接觸電腦時，我就知道這是我會喜歡一輩子的東西，於是一直在這個行業堅守，不肯到其他地方去。

「工作中難免會遇到困難，比如公司政治、人事糾紛、領導的忽視和很多零碎的小事，這些東西就像是樹林裡的枝杈，會不斷紛擾視線，讓人失去耐心和樂趣。每當這個時候，我就問自己：你還喜歡電腦嗎？未來的二十年裡，你是否打算繼續和它打交道？到目前為止，我的答案都是肯定的。這就是我的祕訣。」

今天是我們唯一能把握的

曾經有一座神像，神像有兩張面孔，一個向前，一個向後。向前看的一面代表面向未來，向後看的一面代表緬懷過去。神像非常高大，肅穆莊嚴，很多人都到神像跟前頂禮膜拜。

一天，一位路人經過神像面前，他沒看懂神像象徵的深意，於是前來問詢。他問神像：「為什麼你能夠受到這麼多人的膜拜？」神像不屑地說：「這你都看不出來，我一張臉向前，告訴世人不要忘記規劃未來；一張臉向後，警示世人不要忘記過去。這麼深刻的道理，你都看不出來嗎？」

路人還是疑惑不解，繼續問神像：「你將所有的時間都給了未來和過去，那麼現在怎麼辦呢？」聽過路人的追問後，神像竟無言以對，霎時間轟然倒塌。因為他已經承受不起世人的膜拜了。

如果按照時間來算，我們的生活全部是由三天組成的：昨天、今天和明天。然而，昨天已經悄然遠去，明天還遙遙無期，我們唯一擁有的就是今天，也就是現在。正如克律西波斯所說：「過去與未來並不是『存在』的東西，而是『存在過』和『可能存在』的東西。唯一『存在』的是現在。」

可是，總有一部分人沉浸在對昨日的追憶中，為了生命中曾有過的幸福片段唏噓感嘆，或者為過去痛苦的際遇憤憤不平；

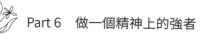

另一部分人則生活在對未來的想像中，憧憬明日的美好生活，或者擔憂強壯的身體因年老而生病，擔憂兒女不孝，晚年不幸。

無論是活在過去，還是擔憂未來的人，他們都有一個通病，就是在虛無的情緒中失去了當下。畢竟昨天已經是「存在過」的日子，而明天則是「可能存在」的日子，與其活在幻想或者破滅的幻想中，不如腳踏實地地活在當下，過好今天。

寺院裡有一個小和尚，每天早上負責清掃寺院裡的落葉。多年來，清掃落葉已經成為他每日必做的功課，無論春秋冬夏，他都要堅持完成。

雖是從小的習慣，但小和尚也沒覺得掃落葉是一件多麼簡單的事。尤其秋冬之際，每當風起，樹葉就隨風飛舞，剛剛掃乾淨的地方又要重來一遍。因此，小和尚每天都要花費許多時間才能清掃完樹葉。小時候，小和尚很聽師父的話，讓他認真掃完他就掃到一片落葉都不剩，如今他長大了些，心眼也多了些，於是他一直想找個辦法讓自己輕鬆一些。

忽然之間，他想到了一個好辦法。一大清早，他就起床了，抱著一棵樹猛烈地搖晃，搖落了許多樹葉。小和尚心想：「這一次真痛快，把今天和明天的落葉都掃乾淨了。」這樣想著，小和尚一整天都在偷偷開心。

第二天，他來到院子裡一看，一下子就傻眼了，院子裡還是堆滿了落葉，和以前沒有任何差別。師父看見小和尚詫異的

表情，走過來對他說：「傻孩子，世上的很多事情是無法提前的，就像這落葉，無論你怎麼用力搖晃，第二天依舊會有樹葉飄落。人唯有認真活在當下，才能活出最真實的人生。」小和尚點點頭，表示明白了其中的道理。

想想那些腳步匆匆的人是怎樣過人生的。少年時，將青春花在了書本上，拼了命地想擠進一所頂尖的大學；如願上了大學後，又巴不得馬上畢業，趕緊找一份好工作；接下來，迫不及待地談戀愛、結婚、生小孩；隨著年紀的增長，天天盼著孩子快點長大，快點上大學，自己好重新回到自由身；孩子長大了，自己也退休了，卻連路都走不動了。再也沒有力氣享受生活，再也不可能彌補青春時的遺憾了。

所謂活在當下，就是不要花時間去思考恐懼的未來或甜蜜的過去。專注於眼前的事，將時間和精力都花在眼下值得的事情上。有了今天一口水、一粒米的累積，才能累積出若干個美好的今天，迎接即將到來的明天。

一天清晨，一位來訪者請求一位大師指點迷津。大師將他請入房間裡，耐心地聽他講他對過去所犯錯誤的懺悔和對未來生活的疑慮。幾分鐘後，大師打斷了他的話，問他：「你早上吃飯了嗎？」那人點點頭。大師又問：「那你吃完飯，洗碗了嗎？」那人又點頭。大師接著問：「那你有沒有把碗晾乾呢？」那人不耐煩地說：「當然 —— 現在，你可以解答我的疑惑了嗎？」大師

說：「現在你已經有了答案。」說著，將他請出了門。

來訪者被大師的問題搞得滿頭霧水，氣呼呼地就回家了。幾天之後，他重新思考大師的問題，終於明白了其中的道理。大師正是提醒他，將生活的重點放在眼前，不要去想那些已經無法彌補的事，更沒有必要為尚未發生的事擔憂，全神貫注於當下才是生活的要點。

我們總有很多對未來的規劃，希望未來的時間早點來，提前吃掉明天的飯，提前做完明天的事，恨不得將未來幾十年的工作都做完，這樣就可以一勞永逸。然而我們做的這些前提準備，往往都是無用的。其實，我們完全沒有必要讓自己陷入對過去、對未來的虛無中，當下的順境或者逆境，可能已經是命運最好的安排了。

北歐的一座教堂裡，按例擺著一座耶穌的雕像。和一般的耶穌雕像不同，這裡的耶穌非常神奇，往往有求必應。正因如此，前來祈禱的人特別多。

教堂的看門人是一個老實人，也是一個虔誠的教徒，他看到每天有這麼多人前來祈禱，每個人都向耶穌尋求幫助，他擔憂耶穌過度操勞，希望自己能夠分擔他的辛苦。

一天，他在祈禱時，對耶穌表明了這份心意。這時，教堂的穹頂上傳來一個聲音說：「謝謝你的好意。那麼我們換下位置吧，你替我聽信眾的祈禱，我替你做教堂的看門人。」看門人看

到耶穌現身，連忙答應了。「不過，我有一個條件。當你變成我之後，無論你看到什麼、聽到什麼，都不可以說話。」這個條件非常簡單，看門人馬上就答應了。於是，耶穌變成了看門人，看門人變成了十字架上的耶穌。

第二天，教堂裡來往的人依舊絡繹不絕，很多人帶著自己心中的苦悶向耶穌祈禱，希望能夠得到耶穌的幫助。其中有許多要求是合理的，也有許多要求是不合理的。無論怎樣，看門人都信守承諾，默默地看著眼前發生的一切，沒有說話。

過了幾天，教堂裡來了一位富商。富商請求上帝讓他變得更加富有，祈禱完之後，富商匆匆離去，卻忘記帶走自己的錢袋。富商走後，來了一位窮苦的流浪漢，他請求上帝讓他遠離寒冷，能夠溫飽度日。祈禱完畢，他看到了富商落下的錢袋，發現裡面裝的是大把的金幣。他以為耶穌聽到自己的禱告，馬上讓他的願望實現了。於是他謝過耶穌，將錢袋拿走。十字架上的看門人想要阻攔遠去的流浪漢，礙於之前的承諾沒有開口。

流浪漢走後，來了一位將要出海的年輕人。他向耶穌祈禱航海順利，自己能夠平安歸來。年輕人剛要離開，就被返回來的富商攔住了。富商以為錢袋被年輕人拿走，要求他歸還，兩人開始爭執起來。這時，一直在上方觀看的看門人終於忍不住了，他將事情的原委告知了富商，於是富商去追那個拿走錢袋的流浪漢，年輕人則趕往馬上出海的輪船。

兩人走後，站在門口的耶穌對看門人說：「你現在沒有資格分擔我的辛苦了。」看門人大惑不解地問：「難道我對他們說明真相也有錯嗎？」耶穌說：「你只是自以為是罷了。那位富商的錢不過是用來嫖妓，被流浪漢拿走，正好可以挽救他的性命；年輕人如果被富商纏住，正好能夠延誤他出海的時間，因為他所乘的輪船將在大海中淹沒。」

Part 7
給心靈一片晴朗的天空

　　有時候，清晨的一縷陽光就會帶來快樂的體驗；有時候，一個滑稽的笑臉和表演也會帶來快樂的心情。快樂其實很簡單，平凡而真實的生活，就能讓內心快樂起來。

遇事多往好處想

　　從前，有一個老婆婆，她早年喪夫，獨自一人拉扯兩個兒子長大。現如今，她年事已高，已經失去勞動能力，只能依靠兩個兒子的贍養過生活。可是，兩個兒子的生活卻讓她非常煩惱。

　　老婆婆的大兒子以賣鹽為生，二兒子以賣傘為生。若是晴天，大兒子能晒更多的鹽，但是二兒子就沒辦法賣更多的傘；若是雨天，大兒子沒辦法晒鹽，二兒子卻能賣出去很多把傘。不管是晴天還是雨天，總是有一個兒子幸運，一個兒子不幸，因此老婆婆整日都是憂心忡忡的。後來，有人對她說：「老婆婆，你要換個角度看問題嘛。晴天，大兒子能晒出更多的鹽；雨天，二兒子能賣出更多的傘，晴天雨天，你們家裡都有收益呀，還有誰能比您更幸運呢？」這樣一來，老婆婆的心裡一下子就輕鬆了，從此也不再為兩個兒子的營生操心了。

　　其實，任何事物都有兩面，一面美好，一面黑暗。面對問題的時候，不能只看到黑暗的一面，而忽略了美好的一面。如果始終沉溺在黑暗裡，既無法解決問題，又影響了心情，還會讓自己的思想遠離陽光，情緒消沉。

　　將思想朝向光明的一面，就是選擇關注那些美好的事物，塑造一種陽光、樂觀、積極的生活態度。當你遇到困難時，

要躲開黑暗的心理，尋找陽光的角落，它會給你克服困難的勇氣，並且相信世界上陽光多過陰影。當你遇到挫折時，要放棄負面的情緒，尋找光明的希望，它會讓你的頭腦冷靜反思自己的做法，然後昂起頭來重新開始。當你面臨選擇的時候，要先看到事情積極的一面，對自己進行積極的心理暗示，心隨之往，行動上自然就會產生積極的結果。

有一個從未中舉的秀才，他已經連續參加三次科舉考試。這一次，他早早來到了京城，在城外的客棧找到一個房間留宿。可是，考試的前夜，他卻做了三個不明所以的夢。第一個夢，他夢到牆頭上種滿了白菜；第二個夢，他夢到自己在大晴天裡還打著一把傘；第三個夢，他夢到自己和心儀已久的姑娘睡在了同一張床上，兩人背對背睡了一夜。

秀才醒來後，覺得這三個夢定是有所預兆的，於是到城隍廟找了一個算命先生解夢。算命先生聽過秀才的敘述，搖搖頭說：「你這可不是好兆頭 —— 種在牆上的白菜不是『白搭』嗎？大晴天還打傘，『多此一舉』呀！和喜歡的姑娘背對背睡了一宿，這很明顯是『沒戲』呀。」

聽了算命先生的話，原本就信心不足的秀才立刻回到客棧，準備收拾行李回家。這時，客棧的老闆拉住他說：「明天就開始考試了，你怎麼要回家呢？」秀才將自己的夢境和算命先生的話向客棧老闆敘述了一遍。客棧老闆聽了之後，拍手叫好，

說：「好夢，這是個好夢啊——牆上種白菜，不就是『高中』嗎？晴天打傘是『有備而來』。和喜歡的姑娘背對背睡了一夜，不正預示著你『翻身』的機會到了？」秀才聽了客棧老闆的解釋，大喜過望，立刻放下行李準備考試。結果，他這一年果然高中，而且高中榜眼。

心態影響著心情，同時也影響著一個人的行為。算命先生悲觀地解讀了秀才的夢境，讓秀才心灰意冷，而客棧老闆樂觀地解讀了秀才的夢境，卻收到了奇妙的效果。當我們自信心不足，或者悲觀失望的時候，不妨自覺地讓思想轉向陽光的那一面，多吸收積極的訊息，自動封鎖掉消極的訊息，讓我們在困境中也能尋求內心的快樂和富足。

著名發明家貝爾曾用了大半生的財力，建立了一個龐大的實驗室。不幸的是，一場大火將他的實驗室化為灰燼，他一生的研究心血幾乎付之一炬。

當貝爾的兒子經過焦急的尋找，終於在火場附近找到父親時，已經六十七歲的貝爾居然一個人靜靜地坐在一個小斜坡上，看著熊熊大火燒盡一切。

貝爾見兒子前來找他，突然扯開嗓子喊道：「快去把你媽媽找來，讓她也看看這場難得一見的大火！」大家都認為這場大火對貝爾造成了嚴重的打擊，他一定是精神失常了。但是，貝爾卻說：「感謝上帝，大火燒盡了所有的錯誤，現在我又可以

重新開始了。」果然，沒過多久，貝爾的新實驗室就重新建立起來了。

　　不幸的故事每天都在上演，不過，同樣的不幸在不同人的眼裡卻會呈現出完全不同的結果。有些人被不幸打擊得一蹶不振，從此日漸萎靡，在挫折中自甘墮落；有些人能夠在不幸的陰霾中看到陽光的燦爛，重新樹立起自信和決心，從此堅定樂觀的目光開始追逐新的幸福。

　　將思想朝向光明的一面，我們也就遠離了黑暗，把握住了人生的快樂航向。即使在未來的人生中遇到更多風雨，這護航的陽光也會令生活顯得美好。

讓陽光照進心房

　　你有試過晾晒自己的心情嗎？在一個陽光明媚的下午，將心中不開心的事拿出來，讓陽光晾晒你的心情。開啟心靈的窗戶，讓陽光照進心房。

　　在江南的梅雨時節，人們常常要在難得的晴天裡到街上走走，晒晒備受潮溼空氣浸染的身體，感受一下陽光的溫暖。在心靈的「梅雨時節」，我們也要努力地尋找太陽，在陽光裡晒晒快要發霉的心情，重新找回微笑和溫暖。

生活也許不能每天都陽光燦爛，但是我們可以每天在太陽下晒晒自己，給自己一縷陽光，一個微笑，趕走快要發霉的心情。

初春的天氣竟然每天都是灰濛濛的，還在淅淅瀝瀝地下著春雨。即使這樣，終究無法阻止萬物的生長。草坪上漸現了綠色，樓下的花兒也含苞待放。可是，這些靳輕都無法欣賞了，因為她的哮喘病犯了，不能出門走動，只能每天待在房間裡，過著多愁善感的鬱悶日子。

「待久了，心情會鬱悶得像放在桌子上的那塊麵包，一直沒動，於是便發霉了。」靳輕在部落格中寫到。

蝸居的日子讓生活變得瑣碎，彷彿一切都陷在了一個小小的廚房裡，縈繞在低頭抬眼和唇齒之間。靳輕拿著一本張小嫻的書，此段正說道「我相信愛情可以排除萬難，只是排除之後還有萬難」。靳輕在一旁補充上自己的想法：「生活也是一樣，勇氣可以排除煩惱，排除之後依舊還有煩惱。」這場病讓她覺得自己又懂了生活，或許她又懂錯了。

靳輕一直為自己的病情感到悲觀，上學的時候，同學們小心地呵護她，即使被她的無禮和任性傷害的朋友，也因為她的病症而選擇原諒，或者不去計較。到如今，即將結婚的男友也在如此地遷就她，彷彿這個病成了她胡亂作為的「免死金牌」，讓她繼續在他人的人生裡胡作非為而無須負任何責任。當然，

靳輕並不希望有這樣的生活。

昨夜，靳輕給男友打去電話說：「這不是我希望的相處方式，我們彼此冷靜後再做決定。」她不知道心中陰鬱從何而來，或許是多年來的不滿和不願意積壓在一起的結果。靳輕想要在人生的新里程中找到一種全新的相處方式，結果以不幸告終。或許真的像男友說的，「只要你不變，你的世界就不會變」。

有本書上說：「我們靠活命的，用一個詩人的話，是情愛、敬仰心和希望。」她還沒有細細地去領悟，但還是覺得很有道理。或許，她應該為了那份天晴的希望而努力。

天晴之後，陽光明媚得很，從窗戶照進來的陽光打在靳輕的臉上，顯得她愈加地蒼白。她攤開手，接受這溫暖，感覺心裡的陰霾瞬間掃清了。隨後，她將家裡能晒的東西都搬到了陽光下，毛毯、浴巾還有五顏六色的毛巾，整整齊齊地掛在衣架上，此刻，她恨不得將自己折彎掛在衣架上享受陽光的溫暖，就讓自己晒在陽光下，暴露內心的黑暗，騰出來的地方，由快樂填滿。

靳輕就這樣站著，晒著自己的心情。突然一抬頭，看見在陽光中奔跑的男友。「哦，中午時間到！」靳輕自言自語道，「如果這病就像是每個人因為出生帶來的原罪，或許我該懺悔，或者我也可以欣然地接受它，接受有它陪伴的生活。」

有一句話這樣說：「當你笑的時候，你就擁有整個世界；

當你哭的時候，卻只有你自己。」生活中形形色色的人，可能與我們發生各式各樣的故事，但是有多少人永遠地留在了我們身邊，又有多少人成為不被記憶的過客？面對這樣永恆的遇見和分離，你準備一輩子為這無法改變的事實而感傷，讓自己活在潮溼的眼淚裡嗎？當然不。

雪萊說：「看不見光明，是因為內心的黑暗。」我們又何嘗不是常常帶著一顆灰暗的心埋怨著生活的不幸呢？生活需要慢慢地品味，心情也需要經營和培養。當你覺得自己沉悶太久，或者離開燦爛的心情太久時，一定不要忘了，每天給自己一個陽光的心情，也給別人一個燦爛的笑容，讓燦爛的陽光住進心裡，趕走那些發霉的壞心情。

快樂要靠自己去發現

有人說：「把你的快樂拿出來分享，那麼你的快樂就增加了一倍；把你的煩惱拿出來分享，那麼你的煩惱就減少了一半。」所以說，懂得對他人敞開心扉，分享憂傷和喜悅的人，能隨時隨地地獲得快樂。甚至有時候，只需要放下顧慮、放下自身的負擔，天地萬物都會給予我們快樂。

阿呆整天都悶悶不樂的，和朋友相處不開心，對身邊的一

切都不滿意。他考試成績不好，老師叫爸媽去開家長會，他不
開心；同桌的女生長了一臉的雀斑，嘴裡還掉了兩顆門牙，她
還總是喜歡將手臂放在阿呆的桌子上，他也不開心；爸爸是一
個清潔工，每天在學校門口推著垃圾車接阿呆放學，阿呆覺得
面子上難看，更加不開心了……時間長了，阿呆變成了一個不
快樂的孩子。

　　阿呆有時候覺得，這一切是不是老天在故意和他作對，把
世界上美好的東西都收走了，把所有討厭的、不堪的東西都留
給他了。這樣一想，他更加覺得生活無趣、命運不公了。有一
天，他聽說南面的一座高山上住著一個快樂女神，只要能夠找
到快樂女神，就能找到快樂。於是，不快樂的阿呆決定去尋找
那位傳說中的快樂女神。

　　阿呆背起行囊，開始向南走，走啊走，走過了無數個丘陵
和河流，終於來到了高山上。山上長滿了繁茂的樹木，各色
野花漫山遍野地開著，彷彿一幅天上的畫卷降落到人間來。可
是，如此美景並沒有讓阿呆內心喜悅，他只想快點找到那位快
樂女神，讓自己馬上快樂起來。

　　他尋遍了幾個山頭，都沒能找到類似神仙的人，筋疲力盡
之時，倒是一座破破爛爛的小屋出現在了他的面前。阿呆心想：
「先進去歇歇腳，再繼續找快樂女神吧。」阿呆走進了小屋，看
到了一位老婆婆正坐在桌子旁，她相貌醜陋，衣衫襤褸，臉上

堆滿了溝壑縱橫的皺紋。阿呆問：「老婆婆，這山裡不是有一個快樂女神嗎，到哪裡才能找到她呢？」老婆婆笑著說：「你是來找快樂女神的嗎？」阿呆點頭。老婆婆哈哈笑起來說：「我就是你要找的快樂女神。」

阿呆狐疑地看著她，不相信眼前的人就是自己苦苦尋找的快樂女神。阿呆說：「可是，你長得又老又醜，穿的衣服又髒又破，還住在這個又破又小的房子裡，怎麼可能是快樂女神呢？」老婆婆回答說：「我雖然老，可是我比別人經歷過更多快樂的事；我雖然醜，可是我的皺紋線條明快，富有藝術感；我的衣衫雖然襤褸，但是它們經過了大自然的洗禮，吸收了大自然的精華；我的房子雖然破舊又矮小，可是它小巧玲瓏，就像是一件完美的藝術品。」

阿呆用驚異的眼神看著這位奇怪的老婆婆，禁不住感慨道：「為什麼一切東西在你眼裡都是快樂的呢？」「因為我想得到快樂。不管是什麼東西，你用悲傷的、憂愁的眼光去看它，它就是灰暗的、醜陋的；但是，如果你用快樂的眼光去看它，用快樂的心情體會其中的美好，任何事物都是令人快樂的，你也會變成一個快樂的人。」聽完老婆婆的話，阿呆會心地笑了。

佛陀說：「沒有人能給我們痛苦，只有自己給自己痛苦。」這句話反過來同樣有道理：沒有人能給我們快樂，只有自己給自己快樂。有智慧的人隨時能從周圍取得快樂，沒有智慧的人

希望別人給他快樂。期待他人給予自己快樂的人，結果往往就像歌中唱的一樣：「等待著別人給幸福的人，往往過得都不怎麼幸福」。

快樂不是別人給予的，而是自己尋找的。當我們放下了執著和煩惱，開始學著欣賞自身和周圍的一切，接受它們，包括美好的和不美好的存在，從此就會少了煩惱，多了快樂。

古希臘時期，一群年輕人到處尋找快樂，途中卻遇到了許多煩惱、憂愁和痛苦。於是，他們請教蘇格拉底說：「快樂到底在哪裡？」蘇格拉底說：「在你們尋找快樂之前，還是先幫我造一條船吧！」年輕人答應了蘇格拉底，暫時將尋找快樂這件事放在一邊。他們找來了造船的工具，用了四十九天鋸掉了一棵高大的樹，然後把樹心挖空，造成一條獨木船。

獨木船下水那天，年輕人把蘇格拉底請上船，他們一邊合力划槳，一邊齊聲歌唱。蘇格拉底問：「孩子們，現在你們快樂嗎？」年輕人齊聲回答：「快樂極了！」蘇格拉底說：「快樂就是這樣，它往往在你為一個明確的目標忙得無暇顧及其他的時候突然來到。」

的確如此，當我們緊緊地盯著「尋找快樂」這一目標，在旅途中奮力地尋找快樂時，難免會忽略掉周圍的美麗風景。相反，如果我們放下心中的這一目標，將注意力放在一個具體的事物上，這件事本身就變成了快樂的泉源。

人們常說，世界上並不缺少美，而是缺少發現美的眼睛。開心快樂這個東西也是一樣。它一直就在我們身邊，只是我們總是因為太多事、太多顧慮和追求而忽略了它的存在。有時候，清晨的一縷陽光就會帶來快樂的體驗；有時候，一個滑稽的笑臉和表演也會帶來快樂的心情。快樂其實很簡單，平凡而真實地生活，就能讓內心快樂起來。

與其抱怨，不如行動

　　史密斯太太的房子坐落在公路的限速帶附近，那是車輛從時速二十五英里變成五十五英里的交界路段。所以，通常駛過門前的車輛都正在加速中，往往嗖的一聲就竄向前面了。史密斯太太原本對這些飛速行駛的車輛並不反感，可是，自從丈夫因車禍去世之後，她開始對那些「飆車族」深惡痛絕。

　　一般情況下，當公路上的汽車飛馳而過時，史密斯太太都會站在草坪上，對著車裡的司機大喊，甚至揮動手臂，叫他們不要開那麼快。可是，讓她非常惱火的是，那些車輛幾乎很少減速，甚至連看都不看她一眼。其中有一輛黃色的跑車最可惡，每天在史密斯太太的門前過好幾次，無論她怎麼高聲尖叫或用力揮手，那個年輕的金髮女孩都是飛速行駛。

為此，史密斯太太經常向女兒瑪麗安抱怨：「現在的年輕人一點公德心都沒有！明天我就去立一塊標牌，要求過往車輛減速慢行。」瑪麗安無奈地說：「媽媽，你一定要招來警察才滿意嗎？這件事你不要擔心了，交給我來解決。」

　　有一天，史密斯太太在後院割草，瑪麗安在前面種花。那輛黃色的跑車逐漸駛入了變速區，速度依舊飛快。這一次，史密斯太太什麼都沒做，因為她知道不管用什麼辦法都是白費力氣，金髮女郎永遠高速行駛。

　　然而，當車子經過門前時，她注意到黃色跑車的煞車燈亮了一下，車速放慢到了安全的速度。史密斯太太非常驚訝，這是她第一次看到那個不要命的女孩減速行駛。史密斯太太立刻關掉了除草機，走到前院去，她想知道究竟是什麼原因讓那個女孩減速的。

　　原來，瑪麗安正站在院子裡，對著車輛微笑、揮手，像對待一個老朋友一樣。這時，史密斯太太才真正了解到，為什麼自己幾個月來的擔心和努力都白費了。當她一邊抱怨著這群「飆車族」，一邊在除草機的噪音下用高聲的尖叫、憤怒的表情來批評他們行駛過快時，呈現給對方的只是一個憤怒的主婦，一個在草坪上亂發脾氣的蠢傢伙。但是，瑪麗安則用一種淺顯易懂的方式，讓對方準確地收到了訊息，同時也表達了自己的友好。

　　從此以後，那輛黃色的跑車再也沒有在她家門前呼嘯而

過，相反，金髮女孩總是會將車減速到安全範圍，直到駛過了她家才開始加速。

　　每一天，我們都要經歷各式各樣的挫折和煩惱。面對這些令人不開心的事，我們怎麼辦？是指責他人的不理解、命運的不公平，還是用滿腹的牢騷、不停的抱怨來表達力不從心的心情。

　　牢騷、抱怨，僅僅是一種情緒宣洩的途徑。但是，即使是高級的牢騷也充滿了負面的情緒成分，無法取代理性的作用，無法改變現實的處境。可以說，牢騷是一種低階的社會適應方式，一個人如果牢騷太多、抱怨太盛，往往意味著他在適應社會方面的無能。

　　那些抱怨的人，永遠看不到問題出在自己身上，反而將失敗和不幸歸結於他人、環境，甚至歸結於妖怪的作祟或神明的懲罰。正因為他們看不到自己的問題，才導致了周圍世界的混亂。有時候，停止抱怨就是停止悲觀，改變自己就是改變世界。

　　一個教區的牧師每個星期都會在教堂裡給教區的教友布道，他對自己非常嚴格，希望每一次布道都能給予人啟迪，因此布道前常常冥思苦想，悉心準備。

　　星期六上午，牧師剛剛吃過早飯，就坐在書桌前苦思明天的布道詞。這時，妻子帶著岳母出門購物，留下淘氣的兒子一直在他身邊胡鬧，攪得他心煩意亂。牧師心裡埋怨著妻子：「我每個星期六都非常辛苦，她竟然還有心情出去購物，見過這麼

不體諒人的妻子嗎？」想著想著，他又開始埋怨起岳母來：「把妻子霸占走了，還把孩子留給我，這個岳母真是不通情理。」看著在眼前晃來晃去的兒子，牧師又開始發兒子的牢騷：「為什麼鄰居家的孩子都非常乖巧，偏偏我的兒子這麼淘氣呢？」

把家裡人紛紛數落了一遍，他也沒能想出一段精彩的布道詞。為了讓兒子安靜下來，牧師將身旁的雜誌扯下來一張。這一頁恰好印著一張大大的世界地圖，牧師靈機一動，將世界地圖撕成了零碎的幾塊，交給兒子讓他拼好。

兒子到隔壁房間去拼地圖。「猜想這張圖夠他忙一陣子了，終於可以靜下心來想自己的事了。」牧師心想。沒想到，才過了不到十分鐘，兒子就帶著一張拼好的地圖進來了。牧師驚訝地問：「你為什麼這麼快就拼好了呢？」兒子得意地說：「我沒拼地圖啊，我拼的是小朋友的臉。」說著，兒子將地圖翻到了後面，露出來一個和地圖一般大小的小男孩。牧師看著兒子拼好的地圖，終於想到了明天的布道詞：只要人簡單，世界也就簡單了。

不要總是抱怨別人如何、世界如何，一切的關鍵都在於我們本身。一個人如果只知道發牢騷和抱怨，坐在角落裡無休止地發洩自己的情緒，任何美好的事物都不會降臨他身上。相反的，一個自尊、自愛、自強的人幾乎每時每刻都是積極進取、朝氣蓬勃的。

內心強大的人，不會將時間浪費在發牢騷和抱怨上，他會在挫折面前積極應對，會尋找各種有效的方法和挫折做鬥爭，就像魯迅先生說的那樣：「用笑臉來迎接悲慘的厄運，用百倍的勇氣來應付一切的不幸。」

額外的付出，意外的回報

麗薩在一群女孩子中脫穎而出，成為一個商業巨擘的助手。說是助手，其實麗薩的工作就是替老闆打檔案、拆閱信件、信件分類、處理辦公室裡的雜事等，薪水與其他的員工一樣。不過，對於失業許久正在為生計發愁的麗薩來說已經是件非常幸運的事了。

每一天，麗薩都規規矩矩地工作，一切按照老闆的要求執行。有一天，老闆給麗薩一份檔案，要求她馬上打出來。麗薩應允開始工作時，老闆卻對她說了一句話，並且要求她馬上用打字機記錄下來。「你唯一的限制，就是腦海中你給自己所設的限制。」麗薩將檔案和那句格言一起交給了老闆。老闆收下了檔案，卻將印有格言的那頁紙交還給麗薩。「這是給你的。」他說。

麗薩惶恐地坐回了辦公桌上，開始認真地看這句話，她漸漸看懂了其中的道理。從那天開始，麗薩開始晚飯後也留在辦

公室中工作，不計報酬地做一些零散的工作，即使有些並不是自己分內的，她也認認真真地完成。比如說，回覆堆積如山的來信。

麗薩覺得那些來信者都非常誠懇，真心地希望得到老闆的幫助，只是老闆太忙了，根本沒有時間回信。於是，麗薩認真地研究了老闆的說話風格、用詞習慣。慢慢地，她開始能用老闆的口吻寫回信，並且和老闆寫得一樣好。她一直堅持這樣做，並沒有特別提醒老闆自己的努力，也不曾將她做的工作宣揚給他人。有一天，老闆的專職祕書辭職，在挑選新的祕書時，老闆自然而然地想到了麗薩。

獲得提升後，麗薩的工作開始變得繁忙，每天需要處理的事情增多了。可是，她依舊保持著原來的習慣，在不申請加班報酬的情況下，訓練自己的工作能力，突破頭腦中的限制。麗薩擔任老闆的祕書兩年後，其他公司紛紛見識到她的能力，也先後提出了更高的薪水邀她加盟。為了挽留她，老闆多次提高了她的報酬，此時，她的薪水已經比一名普通打字員高出了四倍。

很多人會覺得，麗薩是一個心有謀劃、步步為營的職場成功女性。其實不然，她只是在每一個階段，都讓自己做了一次不求回報的付出。暫時放棄對具體薪水的預期，對更高職位的嚮往，而是單純地讓自己突破當下的心理局限，不滿足於做一個井底之蛙。

　　物質的膨脹、商業急速發展的社會風氣讓很多人充滿了功利心，在生活上如此，在工作上也是如此。一個以薪水為個人奮鬥目標的人並沒有錯，但那不過是一種平庸的生活模式，不會擁有真正的成就感，因為，在工作中獲得的並不僅僅是薪水，還有一種忠於自我的工作狀態。

　　如果你請教那些事業成功的人，他們在沒有優渥的薪水誘惑下，是否會繼續自己的工作，是否會為喜歡的工作付出更多的時間和精力，答案一定是肯定的。因為他們選擇自己熱愛的工作，並且能夠在喜歡的領域一直走下去。就像你愛旅行，就不會計較路途的艱苦；你愛瘋丫頭，就不去計較她的任性；你愛所從事的工作，就會義無反顧地付出，不去計較金錢的回報。

　　曾經有一篇雜文寫道：「桃實之肉暴於外，不自吝惜，人得取而食之；食之而種其核，猶饒有生氣焉，此可見積善者有餘慶也。慄實之肉祕於內，深自防護，人乃剖而食之；食之而棄其殼，絕無生理矣，此可知多藏者必厚亡也。」意思是說，桃子不吝惜自己，把自己的肉暴露在外，供人們吃，人們吃後，將桃核種在地裡，就會長出新的桃子來，由此可見做好事會有多餘的收穫。而栗子把自己的肉深藏在殼內，人們吃的時候必須剝掉殼，扔掉的殼再也不能長出新的栗子，由此可見喜愛藏匿，吝嗇付出的人必定會走投無路。生活的諸多方面，的確存在「施樂於人、方樂於己」的道理，人們在感情上也是如此。

有人計較自己付出了愛，卻得不到對方的回報，殊不知，此時的自己已經將愛情當成了生意。如果盈利大於成本，就慶幸自己賺到了，如果沒能盈利還折了本，就覺得付出有虧，感情不值。可是，感情能夠拿來比較，進行買賣嗎？當然不行。正如《愛的藝術》中所說：「好的愛首先是『給』而不是『得』，因為『給』比『得』更加快樂。」

　　有人曾經說過：「只要心甘情願，一切都會變得簡單。」如果你真的喜歡一份工作，就不會計較付出的回報。如果你真的愛一個人，也不會計較為愛付出的程度。或者說，在處理工作或經營感情中的快樂和自得，已經是一切付出的所求。

　　年輕人會隨著年紀和閱歷的增長，開始按照經濟學的邏輯生活，計算付出和回報的比率，就像計算菜價和股市一樣。但是，當你年輕的時候，至少要有一次不求回報的付出，哪怕只有一次也好。體驗一段沒有功利心，沒有精心算計的生活，如果它不曾為你帶來機遇和幸運，至少你修習了一門人生的學分，那就是淡定和從容。

Part 7　給心靈一片晴朗的天空

Part 8
塑造健全的環境適應力

　　正如林清玄所說：「在人生裡，我們只能隨遇而安，來什麼，品味什麼，有時候是沒有能力選擇的。學會隨遇而安，你能夠輕鬆地挫敗生活中許多看似不可戰勝的困難。這是面對生活最為強硬的方式。」

面對生活最爲強硬的方式

　　大文學家蘇軾有一個朋友叫做王定國。他家有一名歌女名柔奴，眉清目秀、聰明伶俐。王家世代居住在京師，後來王定國到嶺南做官，柔奴跟隨到嶺南。多年後，她又隨王定國遷回京師居住。

　　一次，蘇軾到王定國家拜訪，見到從嶺南歸來的柔奴面色紅潤、笑靨如花，覺得特別詫異：她怎麼會如此膚質細嫩、氣色紅潤？蘇軾好奇地問道：「嶺南的風土應該不好吧？」不料，柔奴答說：「此心安處，便是吾鄉。」

　　蘇軾聽過柔奴的回答，頓時大受感動，遂填詞一首，名為《定風波‧常羨人間琢玉郎》。「琢玉郎」意指蘇軾的好友王定國。蘇軾在詞中特別讚美這樣一個女子：不僅溫柔貌美、富有才情，更能夠在困境中安然處之，即使在嶺南那樣水土不好的地方生活，也能夠依舊嬌嫩似水。詞的後半寫道：「萬里歸來顏愈少，微笑，笑時猶帶嶺梅香。試問嶺南應不好，卻道，此心安處是吾鄉。」

　　所謂隨遇而安，便應該是「此心安處是吾鄉」的心態罷。不論是貶謫調配，還是右遷升官，深諳了隨遇而安的內涵和要義，便依然能夠享受坦蕩的人生，舒心的生活。正如林清玄所說：「在人生裡，我們只能隨遇而安，來什麼，品味什麼，有時

候是沒有能力選擇的。學會隨遇而安，你能夠輕鬆地挫敗生活中許多看似不可戰勝的困難。這是面對生活最為強硬的方式。」

其實，不僅升官貶謫需要面對新環境，平凡的普通人同樣要經歷這樣的過程。剛從大學畢業的學生需要適應與原本校園生活完全不同的社會環境；更換工作的職場人士需要適應新的公司、新的工作環境；從戀愛走入婚姻，或者從結婚走入離婚的人也需要適應新的生活環境。

對新環境的不適應，主要就是心理上的不適應。面對新的世界、新的同事、新的人際關係，該如何讓自己找到安全感，如何讓脆弱的心理變得強大起來，是我們每個人都需要考慮的問題。隨遇而安的人，能夠在循序漸進中獲得舒適的內心狀態，能充實、快樂地享受新環境。

春節前夕，林峰從原來的廣告公司辭職，在一家新的公司拿到了一個文案策劃的 offer。熱熱鬧鬧的節日過後，林峰來到了新公司報到。已經有了一年工作經驗的他，早已脫掉了剛畢業時的青澀和害羞，幾天之內，就熟悉了新公司的環境和辦公室的所有同事。

在人力資源部辦好入職手續之後，林峰來到了辦公桌前。他先跟身邊的兩位美女主動打招呼，並且作了自我介紹，隨後，他到相鄰的部門跟其他同事問好，並且一一詢問了對方的名字。

　　在沒有名片介紹的情況下，一下子記住十幾個人的名字並不容易。可是，林峰並沒有這樣的困擾。當同事報上姓名之後，他會小聲地重複一遍，以便加深印象。如果叫不準是哪幾個字，他還會直截了當地詢問具體的字怎麼寫。「一開始就認真一點，總好過以後搞錯別人的名字吧。」林峰說。就這樣，林峰走了一圈下來後，讓同事認識了自己，他對公司的各個部門和身邊的同事也有了初步的了解。

　　實際上，很多人無法像林峰這樣主動、積極地融入新環境中。有的人可能因為害羞，不好意思向大家介紹自己；有的人也可能是生性木訥，不善交際。其實，公司的高層特別喜歡主動積極，能夠盡快融入團隊的員工，畢竟，對於公司的老員工來說，新員工的到來也意味著一個新環境的產生，每個人都需要一個心理調適的過程。如果新員工能夠主動出擊，短時間內融入，對所有人來說，都是件好事。

　　下面是幾個適應新環境的原則，以供參考：

　　第一，真誠相待。真誠是開啟心門的鑰匙。帶著真誠笑容、坦誠交談的人會讓對方盡快卸下防禦心理，促進彼此之間的溝通。人與人之間的交往都是相互的，只有你慢慢地暴露了自我，把自己的想法及時與他人交流，才能獲得他人的信任。

　　第二，積極主動。面對陌生的環境和陌生的人，主動去了解永遠比被動等待有效。對人友好，主動表達自己的善意，會

令人產生好感，也會讓對方覺得自己被重視。同時，一個積極的新人會給人一種充滿活力的印象，為後續的交往奠定良好的心理基礎。

第三，虛心請教。在一個公司裡，或者一個部門內，都會有幾個老資歷的員工，他們對公司熟悉，也懂得其中的相處之道。作為一個環境的闖入者，新人難免會遭受冷遇。這時，虛心地向前輩請教，不僅能夠及時獲得部門消息，還會避免很多不必要的麻煩。

天下大事必做於細

在一座高山上，挺立著一棵高大的樹木。經過自然學家的考證，它已經在山上存活了四百多年，經歷了無數次狂風暴雨的洗禮，甚至曾經被雷電擊過十幾次，但是，它仍然頑強地活了下來。

最終，它卻倒在了一窩甲蟲的攻擊下。那些甲蟲將巢穴築在了大樹的根部，每天咬噬樹幹、樹皮為食。它們還不斷擴寬洞穴，將暗道一直挖到了樹根深處。甲蟲的一小口非常渺小，長年累月地啃咬下去，這棵飽經滄桑的大樹終於不堪重負，倒了下去。

試問一下，有時候我們是不是也很像這棵身經百戰的大樹呢？在生活中能夠輕鬆地抵禦暴風驟雨和雷電的攻擊，在一次次巨大的風浪中抽身出來，卻往往讓一些不起眼的小事，讓那些微妙的小細節擊倒。

有道是「天下大事必做於細，天下難事必做於易」。任何事情都是由細小、簡單的部分開始，漸漸變得複雜、困難，變得需要更多的心力和精力。然而，當我們在每一個細微之處留心，做好了每一件小事，了解了整個環境的所有細節，自然就會氣定神閒、自信滿滿。

科恩從十二歲起，就開始利用暑假時間在爸爸的清潔公司打工。爸爸每天用一桶清潔劑和一把鋼絲刷，認認真真地清洗著客戶的房間、倉庫或者游泳池。

當科恩和爸爸一起清潔游泳池時，科恩為圖省事，總是在角落的地方草草了事。爸爸發現後，並沒有急著責備他，而是拿起鋼絲刷開始仔仔細細地清理起來。收工之後，爸爸對科恩說：「你的工作品質就等於是你的名字，因此每一個細節都非常重要。你要像簽名一樣做好每一件小事，才會得到別人的認可。」在以後的日子裡，科恩按照爸爸的教導，拿著鋼絲刷將每一塊地磚都洗得乾乾淨淨。

後來，科恩在一家食品超市做作業員。他的工作成績是全組人裡面最好的，合格率也是最高的，他從作業員升為倉庫管理員。

雖然是每天裝裝卸卸、點清庫存、核對清單的一些細小的麻煩事兒，他依舊一絲不苟地做著。有朋友勸他說：「不要把青春浪費在這種瑣碎的小事上了，幹一輩子也不會有出息的。」科恩不以為然，依舊堅守著爸爸告訴他的工作信條：工作無大小，每一件事都很重要。朋友覺得科恩是個大傻瓜，永遠都幹不出名堂來。

數年後，努力的科恩終於得到了上帝的眷顧。他用多年的積蓄成功收購了當地一家食品商店，並且在十年後將一家商店開到了十八家，成為當地最有名、最富有的食品連鎖公司老闆。

除了那些偉大的科學家、藝術家、發明家，作為普通人來說，生活是我們唯一的創造。即使身處不同的城市，做著不同的工作，我們依然在創造著生活。這些不能抹平重建，也不能推倒重來的生活，正是由一天一天的累積、一個一個微小的細節構成的。

著眼於細微之處，正是讓我們將生活中的每一件事都看重，都認真對待。雖然有人說「人生為一件大事而來」，可那做大事的胸懷、做大事的決心、做大事的強大內心，不都是從小事累積出來的嗎？

徐蕾在飯店工作九年後，升任人事培訓部經理。她的培訓理念就是要求員工著眼於工作中的每一個細節，將客人的每一個要求都當成重要的事來做。她經常引用的例子就是當年她做

飯店經理時遇到的事。

　　當時，有一位到本地出差的客人到飯店來用餐。客人拿著一個方方正正的盒子，裡面是一盞新買的檯燈，是客人從古董市場買回來的舊家飾。結過帳之後，客人叫來了徐蕾，向徐蕾要一個大點的袋子，想要將盒子裝進去。可是，那個盒子太大了，飯店裡最大的袋子也裝不下。

　　這原本就不在飯店的服務範圍，徐蕾原本可以講明原因，簡單地把客人打發走。可是，徐蕾並沒有那麼做。她充滿歉意地解釋過之後，想到了一個辦法。於是，她對客人說：「袋子一時間可能找不著，不過，我可以用膠帶幫您黏一下提把，這樣就可以提了。」隨後，徐蕾拿來了膠帶，將顧客盒子上的提把反覆地黏了幾層，直到黏牢為止。黏好後，客人提著檯燈笑著說：「真是太感謝你了，九州飯店的員工就是不一樣。」

　　「不積跬步，無以至千里；不積小流，無以成江海。」別看事情微小，能夠真正做好的人卻不多。注重細節的人一定是心平氣和、不驕不躁的，那些情緒起伏不定、心急如焚的人縱使心中有著文韜大略，仍然難把細節放在心上。

　　生活中不乏想做大事的人，但是能把小事做細的人不多。要知道，把每一件簡單的事做好就是不簡單，把一件平凡的事做好就是不平凡。把每一件小事都看得重要，做得出色，累積起來就能成就閃光的人生。

把握細節，洞察人心

千人千面，每一個面孔後面都有一顆難以思索的心。尤其是社會變化越來越迅速的當今時代，人們之間的交往早已經由坦誠相待變成了爾虞我詐，越來越多的人戴著層層面具出現在各種場合。敷衍的話語、虛假的表情，讓原本神祕的內心世界更加難以了解。

那麼，當我們進入了一個新的環境，對周圍的一切都不甚了解，對身邊的人更是一無所知的時候，拿什麼來支撐我們缺乏安全感的內心呢？我們又如何迅速地掌控環境，如何讓他人快速地喜歡和接納呢？不用擔心，只要看穿他人的心事，一切都可以迎刃而解。

斯金納曾經說過：「人可以什麼都不會，但必須有認清他人心理的能力。」雖然人的內心世界紛繁複雜，無法拿科學儀器測量，有時候甚至無法用語言表達。但是，人的內心並不是沒有規律，無跡可尋的。當我們了解了人類內心的變化規律，就可以見微知著，找到操控心理的技巧和方法，從而在心理上占據強大的優勢。有了心理的策略，儘管環境複雜、人事紛爭不斷，我們也能夠對環境有效掌控。

心理學家分析，一個人的內心世界總是會被一些不經意的外在表現出賣，比如一個游移的眼神、一個不合時宜的手勢和

一句不經意的話。如果按照佛洛伊德的說法,無論是筆誤還是口誤,都是潛意識的外在流露。

人的內心是怎樣想的,行為就會按照心理狀態做出反應。除非經過特殊訓練的特務,其他人都是有規律可循的。於是,我們就可以根據行為推斷心理,獲得他人偽裝背後的心事。

凱利的丈夫車禍去世後,她一直無法走出喪夫的陰影,整天躲在回憶裡,一個人孤苦伶仃地生活。不過,凱利並沒有這樣一直消沉下去,因為她遇到了石家寶。

五年前,石家寶在一場交通意外中失去了妻子。這幾年,他帶著兒子一起生活。八歲的樂樂看起來很懂事,對爸爸的再婚也表示贊同。不過,凱利看得出來,樂樂雖然嘴上同意了她做自己的後媽,心理上並沒有真正接納她。凱利對自己說:「以後,征服這個小孩就是我的使命了。」

凱利第一天搬進家寶的家,樂樂對她投以不屑甚至厭惡的眼神。因為有石家寶在場,樂樂並沒有擺臭臉,更沒有哭鬧,但是凱利還是看到了他那若有若無的不滿。吃過晚飯後,凱利給樂樂倒了一杯牛奶,樂樂愣了一下,隨即說道:「不用麻煩凱利阿姨了,我自己會。」凱利知道,這不過是一個開始。

在接下來的日子裡,凱利每次面對樂樂時,他都是一副彬彬有禮,但是無法親近的態度。即使這樣,凱利依舊對他關懷備至。只要樂樂顯得有些不高興,她就會主動和他聊天,討論

一下學校發生的事。

一個月後，樂樂看她的眼神沒有那麼多討厭和不屑了，凱利給他夾菜，她也會欣然接受。雖然樂樂並沒有表現對凱利的好感，但是她心裡知道，樂樂對她的成見已經開始消失了。經過凱利三個月的努力，樂樂終於完全接納了她，並且會主動向她講一些學校發生的事，分享自己的心事。

那麼，是什麼決定了樂樂的態度變化？又是什麼讓凱利有如此的信心能夠堅持花三個月的時間改變樂樂呢？其實，這種循序漸進的過程有些類似斯金納的操作性行為反射，不同之處就在於實驗的貓咪完全在不知情的前提下做出反應，凱利則目的明確地在一點點地改變著樂樂的行為。

當外界環境帶給人們的安全感越來越小，人們不喜歡讓他人看到真實的自己，於是便開始了自身的偽裝。像變色龍一樣，在不同的溫度、溼度和環境背景下，變換自身的顏色，躲避敵害是前提，更重要的是隱藏自己。

李沁是行政部調過來的助理，整天跟在人事經理的後面，跑腿打雜、陪著笑臉、收拾爛攤子。有的人說，她最多待一個月，有的人說，說不定一個星期就嚇跑了。因為所有人都知道，人事經理艾姐就是一個「滅絕師太」，一向以尖酸刻薄著稱。她整天一副高高在上的女王架勢，所有人見到她都要敬畏三分。可是，誰都沒想到，李沁順利地度過了實習期，並且從

行政部徹底地轉到了人事部。

　　李沁最開始也被艾姐的派頭嚇到了，艾姐在錄用員工的時候，會說：「做好最壞的打算，就三個月，不行走人。」她在辭退員工的時候會說：「回家反省半年，要不然你還會被炒的。」李沁的手機二十四小時開機，有時候半夜三點艾姐會叫她起來訂機票、訂酒店，第二天還要隨她到分公司出差。不過，她這種對人太過刻薄又不留餘地的作風，總讓李沁覺得和現實有隔閡，好像她都在盡力融入一個角色一樣。結果，事實證明了李沁的判斷。

　　一次，李沁和艾姐到分公司出差。旅途勞頓，李沁生病發起了高燒。艾姐從分公司開完會，便拉著李沁去醫院。掛號、排隊付錢、吊點滴，艾姐都一路陪著她，柔聲細語地囑咐這、囑咐那。折騰了一個晚上，艾姐害怕她半夜發燒，就在門診的椅子上睡了一宿。

　　雖然艾姐回到公司後好像什麼事都沒發生一樣，但是李沁的心裡已經有判斷了。艾姐的一切強硬表現不過是職場上的偽裝，並不是她真實的自我。當李沁和艾姐從同事變成了朋友之後，她回想當時的感受說：「我都緊張死了，看你平時一副隨時準備吃人的表情，怎麼會那麼親切地照顧下屬呢？」

　　艾姐嘆了口氣，說：「你呀，還是小丫頭。等你在這裡熬上個十年八年，你也會像我一樣的。」

剛柔並濟才是生存之道

　　無論是商場上、職場上，還是生活中，總是有許多自恃聰明的人，覺得自己眼睛最亮、能力最強、拳頭最有力，於是，在日常的相處中，就給人留下鋒芒畢露、招搖的印象。當然，也有另外一種類型的人，不愛聲張、不惹是非，喜歡用迴避、示弱的方式與環境共存。

　　當然，示強與示弱不過是我們存在的一種方式，本身並沒有好壞的差別。但是，示強和示弱也需要根據環境因地制宜。當我們遇到優柔寡斷的夥伴，大可果斷地做出結論，用強勢的態度推進工作的進行。如果我們遇到強勢的上司，或者是偏愛掌控的客戶，則不需要一味地顧忌面子和自己逞強好勝的性格，針鋒相對。在兩不相讓的情況下，硬碰硬的結果只能是兩敗俱傷，鬧到最後沒有勝利而是皆輸。當我們遇到強強相對的情況時，何不嘗試一下示弱呢？

　　張挺是裝配部的主管，為人很講原則，個人風格也很強。當初，他來到汽車分廠，完全憑藉自身的實力和要強的性格。不過，這種不服輸、不服軟的性格也讓他在工作中吃了不少虧。

　　一次，裝配部門需要一種特殊型號的產品夾具，填好工作合作單後，張挺留了十五天的時間給生產部生產。時間很快過去了，還未見到做好的夾具。於是，張挺氣沖沖地找到了生產

部的主管，說：「協議上寫著十五日完成，你也答應了，到現在還沒見到產品。有什麼困難都不說，造成經濟損失你負責還是我負責？」

生產部的主管也是一個暴脾氣，於是兩個人在辦公室裡吵了起來，互相指責對方不作為，還主張到經理辦公室解決。後來，在眾人勸說下，張挺回到了裝配部。張挺還在怒火中燒，下屬告訴他生產好的夾具早上已經送到了，正在測試使用。張挺突然認識到自己沒有了解清楚情況，做了一件愚蠢的事情。當他想要找生產部主管道歉時，生產部主管已經告到了經理那裡。結果，在經理的調解下，懲罰張挺為生產部的員工加餐，一場誤會才算過去。

不論在職場中，還是朋友間的相處，過分逞強將自己推到風口浪尖上未必就是好的。如果遇到了同樣較真的對手，只能讓自己陷入耗費精力的拉鋸戰，不僅工作會遇到阻礙，團體內部的人際關係也會發生變化。所以說，示弱不失為一種以退為進、迂迴行進的生存哲學。與其在表面上表現強硬，不如透過以柔克剛的方式讓內心變得強大。當我們擁有自信，能夠在環境中泰然處之時，方式上的強與弱已經不再重要了。剛柔並濟才是明智的生存之道，示強與示弱都需要因人因事而異。

林敏來到公司已經半個多月了，作為公司的副總，身上擔負著總裁的重任整天出入經理室。作為空降部隊直接到高層走

馬上任，雖然沒有正式宣布，但所有員工都知道她的身分了。

洋洋作為人事部的小助理，平日裡也只能在辦公室的流言蜚語中，點點滴滴地了解這位大小姐。如果不是因為公司決定重新擬定員工合約，大概永遠都沒有機會見識什麼叫做無禮和專橫。

公司人事調整之後，經理決定給現有的員工增添福利，並且寫到新的勞動契約中去，於是，原本的勞動契約就需要更換。洋洋從經理室拿出來一大箱的過期契約準備銷毀，就接到了林敏要來檢查勞動契約簽訂的情況的電話，她還要求報告準確數字。在電話中，洋洋簡略地報告了情況，直到林敏說「我一會兒過去」，洋洋才意識到，災難要來了。

下午兩點，林敏把洋洋叫到了辦公室，打著官腔問道：「你把勞動契約的簽訂情況報告一下吧，這都兩天了，進度如何了呀？」洋洋聽著她拖著長長尾音的話，心裡暗喜：「幸好我是有備而來。」於是，洋洋將事先準備好的書面報告小心翼翼地放到了林敏的辦公桌上，然後回答說：「公司現有員工 947 人，共有935 人簽訂了勞動契約，有 12 人在外地出差，最早的三天後回來，最晚要下個星期四。」

「好吧，那你把合約拿來吧，我考核一下。」

洋洋狐疑地看著她，心想：「這是不信任我嘍。」洋洋哼哧哼哧地抱來了一大箱合約，放在了林敏的辦公桌上。只見她

「蹭」地走過來，從紙箱裡拽出了幾本合約，翻了兩頁後，她又發問：「數目你都數過了嗎？是不是員工本人的簽名啊？」洋洋心底一涼，心想：「這大小姐是沒完沒了啊！」於是洋洋說：「數字是對的，我數過三遍了，如果不確定，您可以找人再數一遍。至於是不是員工本人的簽名，需要本人來考核。如果需要，您可以叫幾名員工過來，親自對比筆跡。」

林敏想了想，挪回了座位上，說：「算了吧，大家都在忙工作，相信你，肯定不會錯的。」

切忌一不小心就露出馬腳

傳說古時猶太人士師參孫力大無比，他的敵人都非常懼怕他。敵人為了找到他身上的弱點，便對他使用美人計。參孫在酒後吐露了他力大無比的真相，他的力量都存在於頭髮之中。後來，敵人在他喝醉之後，剃掉了他的頭髮，從而將他擒獲。

在工作中，授人以柄是一件非常危險的事。尤其在實力相當、競爭相當激烈的時候，讓對手得知自己的軟肋就等於自掘墳墓。所以說，職場生存的強大內心，不僅來自隨遇而安的心態、收放自如的工作方式，更來自小心謹慎的處事風格。切忌一不小心就露出馬腳，處處授人以柄。

清朝雍正時期，按察使王士浚被派到了河東做官。他正要離京上任時，大學士張廷玉將一個用人推薦給他，此人強壯有力，做事沉穩，辦事老練，深得王士浚的喜歡。到任後，王士浚一直把他當作心腹對待。

等到王士浚任期已滿，準備返回京城時，王士浚本打算帶著用人一起回京。沒想到他忽然要求辭職回鄉，王士浚非常奇怪，問他說：「這些年我待你不錯，為何突然要走？」那人回答說：「實不相瞞，我本是皇上身邊的侍衛，是皇上派我來監視您，看您做官有沒有差錯。」王士浚聽後，霎時間臉色慘白、兩腿發抖，將這幾年做官的大小事情從頭到尾想了一遍。「大人放心，這幾年您做官沒有什麼差錯。我先行一步回京城稟告皇上，替您先說幾句好話。」

用人走了之後，王士浚一想到這事兒心裡就發抖。「若不是我多年來矜持有度、小心行事，恐怕如今已性命不保啊！」

所謂無私才能無畏，我們總要先管好自己，才能約束別人。雖然說人情世故是人與人相處的守則，相較於對人情世故的維護，小心地保護自己的利益，隱藏好自身的致命弱點，才是生存之道。

宋代的名臣富弼一生清正廉潔、克己奉公。在他出任樞密使時，正值宋英宗趙曙登上天子之位。趙曙登基後做的第一件事，就是將先皇遺留的器皿、字畫送給朝中重臣。得到賞賜的

臣子紛紛領賞謝恩，起身告退。當富弼準備一起離開時，趙曙卻將其留下，特別賞賜了他另外幾件器物。

富弼叩頭謝恩後，卻堅決不肯接受這份額外的賞賜。趙曙雖然有些不高興，還是輕描淡寫地說：「這些都不是什麼貴重物品，你就不要推辭了。」富弼義正詞嚴地說：「東西雖然不是值錢的東西，但是事情的本質已經變了。作為大臣，接受額外的賞賜還不謝絕，萬一以後皇上做了什麼例外的事，我又憑什麼勸諫呢？」最後，富弼說服了皇上，推辭了額外的賞賜。

可能有人會說，富弼做事古板，不懂變通，皇上的好意也不領情。其實，這正是富弼的高明之處。如果他拿了皇上額外的賞賜，在皇上那裡就會留下把柄，今後在勸諫時必定受制於人。捨棄一些無關緊要的器物，保住自身剛正賢明的自由，這不是聰明人的行事嗎？

作為職場中的新人，管好自己的行為、嘴巴、手腳，都是保住自身獨立、自由的前提。對環境的不熟悉可以透過時間慢慢了解，但是在自作聰明、疏忽大意中授人以柄，只會在新環境中碰更多的壁，吃更多的虧。

江紅是一家貿易公司的業務員，她學歷不高，但是因為工作認真、積極上進，所以業績一直不錯。上個月，她和另外一名同事袁媛同時被選入中層幹部的備份名單，也就是說，她馬上要迎接進入職場後的第一次升職。可惜，因為她無意間透露

了一個自己的祕密，被素有「大嘴巴」之稱的琳達宣揚了出去，最終與業務經理的職位失之交臂。

　　江紅和琳達除了是同事外，還是私交甚好的朋友，平時常一起聊天、看電影。名單公布的週末，江紅心情大好，便約琳達去酒吧喝酒。因為過於興奮，原本不太能喝的江紅也喝了很多。酒意微醺的江紅向琳達講述了自己的故事。

　　原來，江紅大考時兩度落榜，意興闌珊的她從此放棄考試，決定進入社會工作。有一段時間，她找不到工作，整天在城市裡遊蕩。後來，她遇到了現在的男朋友，也就是公司業務總監的哥哥楊大偉。

　　「那時候太單純，什麼都不懂，結果就被他騙了。我還以為他從來沒結過婚呢，結果孩子都上小學了。」江紅在做了楊大偉的情人之後，過了一段舒適的生活。隨著楊大偉的生意不見起色，他便把江紅安排到弟弟所在的公司。「原本，他答應我直接讓我當經理的。現在這樣也挺好，至少不那麼招搖。」

　　醉酒的江紅根本不記得當天說了什麼話，直到人事部宣布袁媛做業務部經理時，她才醒悟過來。江紅氣沖沖地找到楊大偉的弟弟，也就是業務總監說：「之前不是說好了嗎，公司決議就是個過程，年底我就上任的？」業務經理擺著一副水泥似的表情說：「誰叫你喝多酒了亂說話，還不是你自己搞砸的！」

　　事後，江紅才知道是琳達將她的話傳到了公司裡，造成了

糟糕的影響。在任命決議確定前，袁媛找到了總經理，向總經理談了江紅學歷不夠和靠關係進入公司的事。總經理其實早就知道這件事，本想江紅的能力、業績都不錯，提拔她也是一樣，還能送業務總監一個人情。無奈事情鬧得滿城風雨人盡皆知，江紅只能被另行分配。

職場不需要「一個人去戰鬥」

在一個公司裡，我們可以和資歷深厚的長輩一起共事，也會在團隊合作中結識到有共同話題、共同愛好的朋友。當然，這一切都要從頭開始。

作為公司的新人，在不熟悉整體環境、不了解組織內部的人情世故時，掌控環境的最好方法就是找到一位合作的「盟友」，讓自己了解新環境的過程進行得更加順利，也讓自己從公司裡的「新面孔」更快速地變成「熟面孔」。在職場上埋頭苦幹，一個人去戰鬥並不是一件好事。

雖然說職場是一個競爭激烈、淘汰殘酷的利益場所，想要在職場中交到朋友並非易事。但是，我們可以從盟友做起。所謂盟友，就是和自己站在同一戰線的同事，彼此之間能夠相互理解，有共同的話題，並且對公司的情況有相同的認知，更重

要的是，兩個人在職位上和利益上沒有明顯的衝突。

一旦菜鳥找到了自己的盟友 ── 當然，這個盟友不一定也是一隻菜鳥 ── 原本充滿陌生、危險因素的新環境就變得安全了。或許，盟友的關係很不穩定，隨時都會因為利益的衝突而破碎，但是，正如帕斯卡爾所說，「人是一支有思想的蘆葦，同時也是一支懂感情的蘆葦」。盟友或許無法和我們一起實現事業上的目標，至少可以給作為新人的我們一種情感依託，讓初來乍到的我們不再覺得孤立無援。

王曉光大學畢業後，進入了一家電子商務公司做行銷。近一年的時間裡，他不僅在業務上進步很快，還在同事中找到了一個有共同話題的朋友，他就是張晉。

張晉和王曉光是同一年的畢業生，先後進入公司，照理說，兩個都是年輕小夥子，應該很快熟絡起來的。可是，一開始他們互相看誰都不順眼，王曉光活潑好動，經常混跡在女同事裡，講一些笑話、趣事兒，逗得大家哈哈笑；張晉則安靜沉穩，不喜歡被所有眼球圍觀的場面。兩個人，一個外向一個內向，外向的王曉光覺得張晉太悶太無趣，內向的張晉則覺得王曉光話太多、太聒噪了。

一個多月之後，在一次公司的聚餐上，大家碰到一起開始聊美劇。當時《宅男行不行》播得正火，好幾個同事都在表演電視劇中的橋段。這時王曉光才發現，原來他和張晉有很多共同

的興趣愛好，比如都愛追劇，尤其是美劇，都特別喜歡《宅男行不行》裡的謝爾頓。

畅快地聊天之後，王曉光和張晉的距離一下子拉近了。大半年過去，他們對彼此的了解更多了，即使不聊電視，也有說不完的話。

當然，很多人會處理不好盟友和朋友之間的差別，死心塌地地相處，最後被盟友狠狠地「涮」了一把。這正是我們需要清楚的第二點 —— 朋友和盟友的區別。

一般來說，朋友之間往往都是情投意合，互相關心和關照，即使不在一起，都會時刻關注對方的處境如何、狀態如何。當一方犯錯的時候，另一個人永遠會給予最溫暖的懷抱和無條件的理解和支持。但是，盟友不同。

盟友只能算作職場中的一種合作關係。盟友可以在工作上聊得來，有許多工作上的交集，平日裡互相幫助，分享訊息或者做出警告。但是，一旦一方發生職位升遷，或者離職，或者彼此的利益發生衝突，這種合作的關係馬上就會破裂。

就職場人際關係而言，在某些時候，哪怕是親密相伴也僅僅是一個特定時段的盟友，而不會成為真正意義上的朋友。當然，如果我們在結交盟友時，就定好了預期心理 —— 這不過是一次利益合作，或許受傷害的程度會減少許多。

朋友高原前幾天「被辭職」了，心裡窩著三丈火，一定要找

個朋友發洩一下。從他親身經歷的故事中，可以看到一個天真的男孩受傷的心，也看到了職場生涯無處不在的險惡。

高原原本在一個基金會下屬的養老機構工作，下面管轄著市內的幾個養老院。這個機構主要為養老院提供資金、年度規劃，並且提供醫療方面的技術支援。高原的職責就是每天到各個養老院去檢查工作，將發現的問題彙總後統一上報，然後申請撥款。

高原已經在那裡工作了兩年多，最近半年是新來的同事金波和他一起負責這項工作。兩個人性格相投，配合默契，甚至成了工作上的好搭檔，生活上的好朋友。

可是，公司剛剛從國外聘回來的一位技術支援卻和他倆槓上了。徐子莉是一個體態臃腫的中年婦女，每天以「留學歸國」自居，張口閉口都是國外的技術、國外的管理水準，順便貶斥國內的水準低、管理不規範等等。其實所有人都知道，她是因為老公另娶了一個金髮碧眼的美國人，在國外混不下去了才回來的，自身業務也荒廢了很多年。

不僅高原對她很反感，全公司的員工都對她有意見。為此，大家情緒都很消極，整天嘀嘀咕咕地說這說那。高原看這樣下去不是辦法，於是和金波商量，準備向總經理提提意見。金波同意了高原的想法，不過他又補充道：「找總經理，還是你一個人去吧，人太多的話，經理還以為我們去示威呢！」

高原細想也是，於是他一個人去找總經理反映情況。沒想到，高原還沒說完話，經理就大發雷霆：「你們就是懶散慣了，平時也沒有個專業的人看著你們，管著你們，怎麼著，被人挑出毛病來，心裡不是滋味了嗎？還打小報告？」高原努力辯解著，卻更加激怒了經理：「如果不願意幹，就立刻給我滾蛋，別搞小團體地反映什麼情況！」

　　高原一氣之下，跑出了經理辦公室，對金波說：「此處不留爺，自有留爺處，你也收拾東西，咱倆一起走，看那個老女人能搞出什麼名堂？」金波站在角落裡沒有出聲，當高原再次叫他的時候，他說：「高原，我不能走。我和你不一樣，我都結婚了，眼看老婆馬上就要生了，我得賺奶粉錢呢！」高原心裡特別不是滋味，有一種被出賣的感覺。

　　「難得相識一場，平時還哥們兒長、哥們兒短地叫著，合著我這當哥們兒的就是給人堵槍口去了！」高原拿著酒瓶，不住地感嘆著。

Part 9
活成一道靚麗的風景線

　　無論是燈紅酒綠的繁華，還是夜深人靜的安穩，不過是一種獨具風格的幸福方式。但是，最重要的幸福方式只有一個，就是按照自己喜歡的方式度過人生。

想法決定了我們的活法

戴爾・卡內基做客電臺節目，節目中有一個聽眾提問的環節。這時，有一個人打進電話，問了他這樣一個問題：「對你而言，你學過的最重要的課程是什麼？」這個問題並不難，因為卡內基的心中早有答案，他說：「思想的重要性。從某種意義上說，每個人的生活都是由他的思想決定的，一個人的命運完全由其思想決定。」換言之，想法決定了我們的活法。

俗話說，種瓜得瓜，種豆得豆。對於人來說也是一樣。一個人有什麼樣的思想，就會導致什麼樣的命運和人生。當一個人將某種信念作為人生的信條，真的渴望去做這件事情時，這件事就會變成一切行動的源頭。如跟我們生活中常說的那樣，沒有無緣無故的愛，也沒有無緣無故的恨，自然不會有毫無理由的成功和失敗。所有的成功和收穫，都是在思想的驅使下取得的。

當巴尼斯還是一個窮困潦倒的流浪漢時，他就想和偉大的發明家愛迪生成為商業夥伴。可是，當時他並不認識愛迪生，而且處於經濟困境的他，根本沒有錢買車票去親自拜訪愛迪生。慶幸的是，這個想法並沒有在他的心頭一閃而過，而是深深地留在了他的腦海裡，他時刻在尋找辦法實現。

後來，他的確出現在愛迪生的實驗室裡，不過尚未建立合作夥伴的關係，而是作為辦公室裡的一名普通員工。當他拿著

微薄的薪水工作時，他並沒有忘記最初的想法，而是在慢慢地等待機會。終於，當愛迪生發明了一款新的辦公用品後，巴尼斯等到了自己的機會。

當時，愛迪生的銷售人員對那款辦公用品並不看好，甚至不相信能夠被消費者接受。此時，巴尼斯向愛迪生提出了請求，希望能夠親自去銷售這批機器。實際上他的銷售非常成功，在最短的時間內將所有人都不看好的機器賣給了消費者。隨後，愛迪生和巴尼斯簽約，請他負責公司產品的全國推銷。至此，他終於實現了和愛迪生合作的想法，並且迅速地成為百萬富翁。

巴尼斯之所以能夠實現自己的目標，正是無視了那些虛無的恐懼，依靠思想驅動堅持到最後。其實，所有人都能夠像他一樣，只要我們找到了自己想要堅持的想法。當然，這種思想不能僅僅是頭腦中的一個閃念，而是要成為引導行動的風向標。

假設是你換成了身無分文的巴尼斯，你會想成為愛迪生的事業夥伴嗎？你是首先想辦法結識愛迪生，還是用「那完全不可能」的藉口來說服自己放棄呢？

有時候，我們想要的未來沒有得到，一心期待的夢想沒有實現，並不是因為那個未來或者夢想本身遙不可及，而是我們狹隘的思想困住了自己，用那些原本可能不存在的恐懼嚇退了自己。

　　從前，有一個前途渺茫的年輕人，他對自己未來的生活失掉了信心，於是找來一位算命先生，想要測算一下自己的命運。

　　算命先生說：「年輕人，流年不利啊，近日你將有大難。」算命先生的話嚇到了年輕人，於是他忙問：「怎麼辦？如何能破解？」算命先生說：「若想消災，你就要拿出一筆錢來改改運。」隨後，算命先生說出了一個數字，可是金額太多，年輕人根本無力負擔。無奈之下，他放棄了改運的想法。命運改不成，他就整天都在擔心即將到來的大難，惶惶不可終日。

　　有一位老先生見到失魂落魄的年輕人，就問他發生了什麼事，年輕人將算命先生的話重複了一遍，並且表明自己非常擔心，害怕災難的降臨。老先生聽過他的故事，領會了其中的含義，笑著對年輕人說：「其實，消災很容易，不一定需要那麼多錢，即使沒有錢也能解決問題。只要你到山裡找一塊溫熱的石頭回來，便可免除大難。」

　　年輕人聽到老先生的破解之法後，欣喜若狂地連夜啟程上山。經過了一夜飢寒交迫的行程之後，年輕人終於來到了山腳。沒想到，平原上冷風凜凜，山裡更是寒風呼嘯。年輕人心想：「這麼冷的天，我到哪裡去找溫熱的石頭呢？」可是，他一想起算命先生的話，想起隨時會到來的災難，心裡又不寒而慄，他便繼續向山裡趕路。

　　年輕人來到山裡時，已經是正午時分。太陽溫暖地照耀在

大地上，可是空氣冰冷，地上根本沒有溫熱的石頭。年輕人在地上一塊一塊地摸索著，心中的希望漸漸轉化為失落。摸過了幾千塊石頭之後，年輕人終於絕望地坐在了地上，再也沒有力氣去嘗試下一塊了。

他坐在地上思考：「難道老人家說的都是假話，是故意騙我的嗎？看來算命先生的測算的確沒錯，我即將遇到的大難，大概就是命喪於此吧。」年輕人坐在地上許久之後，突然覺得自己所坐的石頭沒有剛才那麼冷了。他馬上站了起來，用手觸控地上的石頭，果然個個溫熱，這就是老先生讓他找的溫熱的石頭了。剎那間，年輕人豁然開朗，原來改變命運的機會根本不在那個算命先生的手裡，而是在自己手裡。

做自己希望做的事

菲爾‧強森的父親經營著一家洗衣店，生意非常熱門，前來光顧的客人絡繹不絕。他最大的希望就是兒子能夠子承父業，長大後繼續經營這家洗衣店。於是，父親安排菲爾到店裡幫忙，以便讓他盡快地熟悉業務。

但是，菲爾並不喜歡這份工作，他將來也不想像父親那樣，一輩子窩在洗衣店裡幫助鄰居洗衣服。因為心中的不情願，他

在洗衣店工作時總是得過且過，幹什麼都是馬馬虎虎的，如果不是一定要做的事，他肯定會躲在一旁，什麼都不管。菲爾的行為讓父親非常惱火，他將兒子趕出了洗衣店，甚至斷言他的兒子是個沒有責任心、不求上進的人。

後來，菲爾參加了一個機械廠的應徵，並且最終透過考試，得到了工作的機會。雖然父親嚴厲反對，菲爾依然堅持著自己的想法，到機械廠上班去了。機械廠的環境和洗衣店簡直是天壤之別，到處都是堅硬的金屬器材，還有永遠都洗不掉的黑色油漬。菲爾每天穿著油膩膩的粗布工作服，幹著比洗衣店辛苦十倍的工作。

雖然工作辛苦時間也很長，他卻因為一切都是自己喜歡的、自己選擇的感到非常高興。在工作之餘，他還選修了機械工程學的課程，學習引擎的運作原理和機械維修。後來，他成為波音飛機公司的總裁，還運用自己學到的工程理論，製造了「空中飛行堡壘」轟炸機，幫助盟軍在世界大戰中取得了勝利。

試想，如果菲爾聽從了父親的安排，安分地在洗衣店工作，他可能就是一輩子都在從事著幫人洗衣服的工作，也有可能洗衣店破產，他變成了一個一無所有的流浪漢。

菲爾的人生選擇遭到了父親的反對，現在的很多年輕人在選擇人生時，難免會受到父母、長輩或者其他人的壓力。眾多迫於壓力的年輕人常常心理承受不住，最終屈從於他人的看

法，過著別人想要他過的生活。

　　那些試圖干預他人人生，或者屈從於他人壓力的人都忘了，生活到底是誰在過，人生到底是誰的。當年輕人成年以後，難道不應該擺脫跟在長輩後面亦步亦趨的生活，學著按照自己的方式走路嗎？

　　當年，達爾文決定放棄行醫，專心研究生物時，他的父親曾經斥責他說：「你簡直無可救藥！」但是酷愛生物的他堅定了自己的看法，並且在動物進化方面取得了重大的成就。

　　卓別林開始演電影時，導演要求他模仿一名當時很有名的德國演員。可是他堅持按照自己的方式表現幽默，最終創造了一套獨屬於他的表演方法。

　　首先要清楚，我們在做某件事時，並不是為了讓周圍的人滿意才去做的，是因為想做，喜歡做，我們才去付出努力的。成功者和失敗者的區別也在於此。成功實現理想的人，他們都在按照自己的方式，朝著最終的目標努力行進；失敗者則時刻都在受周圍人的影響，活在他人的眼光裡，一輩子做著別人希望他做的事，最後也難逃成為他人的笑柄。

　　有一個幽默故事，恰到好處地表達了這種選擇的後果。

　　老爺爺帶著自己的孫子去看望親戚。他們騎著一頭毛驢出門，走著走著，他們碰見了一個過路人。過路人對老爺爺說：「你們兩人都騎在毛驢的身上，豈不是要把毛驢壓死了，這不是

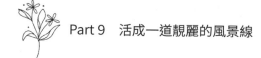

虐待牲畜嗎？」聽了這話，老爺爺趕緊下來，在地上牽著毛驢走，讓孫子一個人騎。

沒走多久，他們又遇到了一個過路人。過路人說：「這世道哪還有什麼尊敬老人啊？竟然讓孫子騎驢，爺爺走路！」孫子聽到後，趕緊從毛驢上下來，讓爺爺騎驢。

他們又向前走了一段路，一個孩子朝著他們喊道：「還爺爺呢，讓孫子走路，自己騎驢？」聽到這話，爺爺也不敢騎驢了。於是兩人一起走路，牽著毛驢到了親戚家。

回去的路上，有幾個種菜的人看著這爺孫倆說：「真沒見過這麼笨的人，這麼遠的路，有驢不騎，竟然走路。」老爺爺和孫子面面相覷，一時不知道怎麼辦。突然，爺爺想出了一個「妙招」：將毛驢的四隻腳綁起來，兩人用棍子抬著走。結果，招致了更多人的嘲笑。

每個人的生活都不是商店中的展覽臺，專門供人評價和欣賞。每個人也不是誰的附屬品或複製品，延續著前人的生活方式和價值觀。之所以說我們都是世界上獨一無二的存在，就在於每個人都有自己的亮點，都有自己的閃光領域，都能夠依據自己的愛好、興趣來安排生活，做自己希望做的事。

或許每個人定義幸福、定義成功的方式不同，對幸福生活的追求也不同。有的人終生追逐名利，有的人只求平淡充實。無論是燈紅酒綠的繁華，還是夜深人靜的安穩，不過是一種獨

具風格的幸福方式。但是,最重要的幸福方式只有一個,就是
按照自己喜歡的方式度過人生。

做人一定要低調

　　從前,有一位老先生和他的弟子們交流學問。在眾多的弟
子中,有一個家境富庶的弟子,平時總是趾高氣揚、一副高高
在上的樣子。這天,他又開始在同學們面前炫耀自己的家世:
「其實,我家並不是富裕之家,只不過在郢都郊外有一片看不到
邊的肥沃良田罷了。」聽到他又開始沒完沒了地炫耀自家祖產,
身邊的同學都覺得心中憤懣,只不過一時之間,都想不出來反
駁的方法。

　　老先生坐在一旁耐心地聽他說,等他說完,拿來了一張非
常大的地圖,問這位富家弟子說:「你從這裡找得到楚國嗎?」
富家弟子洋洋得意地指著地圖上的一個區域說:「就在這裡嘛,
這麼一大塊地都是楚國,非常容易找的。」

　　老先生點點頭,又問道:「那好,我再問你,你從這裡找得
到郢都嗎?」富家弟子在地圖上仔細地搜尋,看了好久之後,終
於找到郢都所在之地。和整個楚國相比,郢都實在是非常渺小
的一塊區域。

　　老先生再一次點點頭，接著說道：「現在，你從這裡找出你所說的那片看不到邊際的良田吧！」富家弟子開始皺起眉頭，找到一個更小的點說：「應該是這裡吧！」隨後又指著另外一個點說：「不對，好像是這裡。」他盯著地圖反反覆覆地找了好半天，神情越來越尷尬，額頭因為過度緊張而冒出了虛汗。過了好半天，他不好意思地對老先生說：「老師，我好像找不到了。」

　　老先生收起了地圖，對眾弟子說：「或許，你們覺得自己已經很了不起，學問很高、德行很大，可是如果和浩瀚的宇宙比起來，和一望無際的大地比起來，所有人都是滄海中的一粟，根本是微不足道的存在。做人不應該自滿，更不能妄自尊大，而應該謙虛一些，時刻保持謙卑的態度。」

　　謙卑不是卑下，不是軟弱，也不意味著無能，它展現的是一種君子修養和高尚品德。很多人在取得一點成就，擁有財富或者身居高位時，很容易就忘了自己原本的模樣，開始驕傲，開始自我膨脹，開始蔑視身邊的一切。喜歡在周圍人的面前顯示自己的富有，露出囂張的氣焰。

　　他們這樣做，與其說是因為自己如今的強大，不如說是因為內心中深藏的弱小。況且，人存於天地間，不過是「寄蜉蝣於天地，渺滄海之一粟」，有何理由不謙卑做人，低調處世呢？

　　某工程學院的碩士畢業生來到軍事基地的實驗室，進行為期一個星期的實習。能夠來到軍事基地實習的學生，都是各方

面出類拔萃的學生，如果基地的條件適宜，他們會考慮留下來工作。

第一天，實習生們由導師帶著，等待實驗室主任過來分配任務。辦公室的助理熱情地招呼大家，給大家找空置的會議室，幫所有人倒水。

房間裡雖然充滿了雜亂的腳步聲，卻沒有人大聲說話。這時，突然有一個人學生大聲地問：「有冰塊嗎？這該死的天氣，太熱了。」助理回答說：「抱歉，冰塊用完了。」萊納德在一旁看著他，心裡嘀咕著：「人家給你倒水，還挑三揀四的。」當助理將水拿到萊納德面前時，他輕聲地說了聲謝謝。助理抬頭看了他一眼，說：「你是第一個跟我道謝的人。」

不一會兒，負責安排實習課程的教官庫珀博士走進來和大家打招呼。炎熱的天氣讓許多人懶得起來，只有萊納德在內的兩三個人禮貌性地站了起來。庫珀博士自我介紹後，順便介紹了站在一旁的辦公室助理：「這位同樣是工程學院的實習生，可以算你們的師兄了。這一次的實習行程都是由他為大家做安排。」人群間一下子騷動起來，有的人倒吸了一口冷氣，有的人則在小聲地感慨。

隨後，庫珀博士開始分發與實習有關的物品和手冊。本來以為暖場了一番之後，大家能夠變得活躍一點。沒想到，所有人依舊懶洋洋地坐在椅子上，很隨意地用一隻手接過了庫珀博

士雙手遞過去的手冊。

庫珀博士耐著性子挨個分發，到了萊納德面前，臉色已經變得非常難看。就在這時，萊納德站起身來，雙手接過物品，並輕聲地說了一聲謝謝。庫珀博士眼前一亮，拍拍萊納德的肩膀說：「你叫什麼名字？」萊納德照實回答後，點頭坐在了自己的座位上。

一個星期後，庫珀博士只提供了一個軍事實驗室的工作職位，並且安排給了萊納德。有幾位不滿結果的學生找到了庫珀博士說：「萊納德的水準在工程學院最多算是中等，憑什麼選他沒有選我們？」庫珀博士說：「或許你們的技術水準和課業成績都很優秀，但是不要忘了，除了學習之外，你們還需要學很多東西。對人謙卑的態度就是第一課。」

沒有人會喜歡一個驕傲自滿的人，也不會有人願意和滿身傲氣、口氣狂妄的人做朋友。當我們忍不住想要炫耀自己的成績，對人施以傲慢之禮時，不妨先告誡自己一聲，那些優於別人之處，僅僅是暫時的、相對的。天外有天，人外有人，總有人即將超越自己，站上我們所在的位置，取得我們當前的成就，那麼，我們還有什麼可高傲的呢？

逆境是人生的加油站

　　寺院裡住著一位小和尚，他每天都在師父的帶領下參佛唸經，時間久了，他就開始感到厭煩了。於是，小和尚對師父說：「我一點都不喜歡每天唸經和修習佛法的生活，如果不用看書，每天只想吃想睡，過得輕鬆自在多好。」師父笑而不語，將小和尚送到了寺院的一個偏殿裡。

　　偏殿的主人是一個白鬍子的老頭。得知了小和尚的願望之後，對著他笑呵呵地說：「你的願望很簡單，也很容易實現，只要你在我這裡住下，美味的食物可以隨你享用，既不會有人催促你唸經，也沒有什麼佛法需要你修習了。」小和尚一聽非常高興，覺得自己好像到了天堂一般，於是告別師父，喜滋滋地住了下來。

　　偏殿裡的日子的確非常悠閒，小和尚每天除了吃就是睡，沒過幾天，他就把偏殿裡所有的美食品嘗了一遍。不用學習、不用唸經，也沒有師父的嘮叨，他感到從未體驗過的快樂。

　　可是一段時間後，他的內心卻開始感到空虛和寂寞。於是，小和尚去找偏殿的白鬍子老頭，請求道：「我每天除了吃，就是睡，日子實在過得太無聊了。您給我找幾本佛經看看吧，或者您給我講一點佛祖的故事也行。」白鬍子老頭搖搖頭，說：「這個我可幫不了你，我這裡沒有佛經，我也不知道什麼佛祖的故事。」

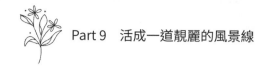

　　小和尚沒有辦法，只好忍耐著無聊的日子。幾個月後，他終於受不了了，又去找白鬍子老頭說：「我實在不願再過這種吃吃睡睡的日子了，您叫我師父來把我接走吧。我每天聽不到佛法，覺得痛苦極了。我寧願忍受地獄的煎熬，也不願繼續住在這裡了。」

　　孟子說，「生於憂患，死於安樂」。任何人的生活都不能只是享受物質的充裕，享受閒暇的安逸，而應該用頭腦思考、用行動作為、用智慧來創造自己的生活。如果一個人每天都在過吃喝享樂、毫無節制的生活，那麼和行屍走肉有什麼區別呢？

　　在印度洋的模里西斯島上，曾經生活著一種渡渡鳥。它們在那裡生活了數十萬年，因為舒適的環境、豐富的食物來源和缺少天敵的滋擾，它們長成了性格溫良、毫無自衛能力的禽類。肥大的體型讓它們走起路來顯得步履蹣跚，再加上一張大大的嘴巴，它們的樣子甚至顯得有些醜陋。數十萬年來，它們在繁茂的樹林中建窩孵卵，繁殖後代。

　　到了 17 世紀，來到模里西斯的歐洲殖民者發現了這群體形碩大、肉味鮮美的鳥，並且開始大量地獵殺。與此同時，貓頭鷹和鼠類的入侵，也讓渡渡鳥幼鳥的存活率大大下降。在荷蘭的殖民者聲稱模里西斯島是他們的領土後的八十年裡，最後一批渡渡鳥從地球上消失了。

　　渡渡鳥的滅絕，再一次驗證了人類的入侵對環境的破壞。

但是，從另外一個角度講，渡渡鳥過於安逸的生活才是它們悲劇的開端。如果在職場中生存的人也像渡渡鳥一樣，因為暫時的薪水尚可、職位相當就過起了悠哉的生活，時間久了，定會磨掉競爭的激情，將辛苦建立起來的內心力量也消磨殆盡，最後像渡渡鳥那樣被環境的變化和入侵者趕盡殺絕。

　　人生不能太安逸了，如果總是在舒適的環境中生活，很容易讓自己變得懶惰，經不起風雨和挫折，更不用說訓練強大的內心了。當生活進行得太順利的時候，或許我們可以透過創造逆境或者提高目標的方式，讓自己處在一種始終向前、向上的程式，把逆境當作人生的加油站。

　　一天，洪濤和一個做企業的朋友聊天。朋友問他：「最近我在參加一個培訓課程，聽起來不錯，你要不要試試？」洪濤簡單打聽了一下情況，問：「怎麼收費？」朋友說：「四萬多，兩個星期。其他費用自理，地點在臺北。」洪濤瞬間震驚了，詫異地說：「就是說，你打算花幾萬塊錢跑到臺北去聽一個不知道有沒有用的課？」朋友聳聳肩說：「對呀，有什麼問題？」

　　洪濤對朋友的學習勁頭頗為不解。朋友已經工作多年，同時經營著幾個公司，還跨了好幾個行業，也算得上實業家了。可是他對待學習卻永遠都那麼飢渴。相比來說，洪濤似乎更加懂得生活。他經營著一個中型的廣告公司，帶著接近一百位的員工一起工作。可是，閒暇時間裡，他更願意和朋友打打球，

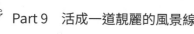

做做運動，偶爾到國外逛逛，而不願意重新回到學生時代，再找一個老師來折磨自己。

不過，朋友舉了一個例子，還是讓洪濤信服了。「前幾天，我在網上訂購了一個市場價一百多萬的光碟，結果和商家掰扯幾個小時之後，十幾萬就拿下來了。」洪濤投過去一個疑惑的眼神，朋友繼續說：「那套課程我已經聽過了，還給他分析了半天講師的理論來源，那賣家自己都不知道怎麼回事呢，還跟我推銷產品！」

洪濤終於明白，雖然他們是同齡人，之間的差距卻如此明顯，一切原因都在於思想。當所有的小老闆都在打牌、做三溫暖，享受安逸的生活時，他的朋友趕到外地去上培訓課程，在新的交際圈中尋找同道中人。這也正是他的企業能夠越做越大，穩定發展的原因之一。

猶豫再三，洪濤也報名參加了朋友的培訓班，他想要看看，這些企業家級的人物是如何擺脫安逸，時刻激勵自己前進的。

你的「最近發展區」在哪裡

在教育學上，維高斯基提出了「最近發展區」這個概念，旨在讓老師為學生提供一個帶有難度的學習內容，調動學生的積

極性，發揮其潛能，從而幫助學生從現有階段過渡到下一個學習階段。

「最近發展區」應用在教學上，幫助許多學生實現了階段學習的跨越，讓學生在稍顯困難，但是認真努力可以取得成績的過程中，實現了成就感的體驗。與此相似，在工作中，我們同樣可以透過製造「最近發展區」的方式，提高工作成績和內在堅強。

工作中的「最近發展區」也就是我們的目標和理想。無論在哪個領域，人們都必須在心中存有一個理想，而且是透過努力能實現的理想。如果沒有一個可實現的理想作為目標，人很容易就會對現實妥協。

將這個理想作為一段時期的動力，然後根據自身的特點修訂職業生涯計劃，或者短期人生規劃，讓目標與生活保持一致，然後透過方法、技巧和努力來實現理想。當第一個目標實現後，再根據實際情況，制定下一個最近發展區，直到實現最後的理想為止。

一個家境貧寒的少年，在他十五歲的時候為自己寫下了一張「生命清單」。他將一生想要去的地方、想要完成的事、想要看的書、想要學會的技能通通寫在了一張黃色的便條紙上。其中包括：到尼羅河、亞馬遜河、剛果河去探險；要登上聖母峰、吉力馬札羅山和麥肯尼峰；駕馭大象、駱駝、鴕鳥和野馬；探

訪馬可‧波羅和亞歷山大一世走過的道路；駕駛飛行器起飛降落；讀完莎士比亞、柏拉圖和亞里斯多德的著作，讀完《大英百科全書》；譜一部樂曲；寫一本書；擁有一項發明專利；給需要幫助的孩子籌集 100 萬美元捐款……

洋洋灑灑，他一口氣寫下了 127 項人生願望。這些願望讓人一看就覺得困難重重，希望渺茫，更不用說想辦法去實現它了。然而，44 年後，他成功地完成了生命清單中的 106 個願望，成為 20 世紀最著名的探險家，他就是約翰‧戈達德。

在近半個世紀的時間裡，戈達德一邊工作，一邊思考著如何完成這些看似不可能完成的目標。最後，他成功地探訪了馬可‧波羅曾經走過的路線，穿過中東來到了中國；他登上了吉力馬札羅、斐濟和大蒂頓等世界高峰；他潛入佛羅里達和澳洲的水下，探索了珊瑚礁和大堡礁；他還學會了法語、西班牙語和阿拉伯語等多種外語。

在探險的途中，他也曾經多次遭遇生命危機，比如遇到鱷魚的襲擊、響尾蛇的偷襲，有一次險些被海盜射殺。不過，這些恐怖的經歷並沒有阻止戈達德向他的目標出發，反而讓他更加堅定信念，完成一個目標後馬上著手下一個目標的準備工作。

隨著戈達德的目標一個個地實現，他也成為美國人心目中的英雄，很多年輕人都以他為榜樣，努力地追尋著自己的夢想。當有人驚訝地問他「是什麼樣的力量讓你實現了這些目標」時，他

微笑著回答說：「當我的心靈首先到達那些地方時，我的身體便充滿了力量。我需要做的只是走到那裡，完成它就行了。」

當你擁有一個目標時，就要馬上想辦法實現它；當你實現了這個目標時，就馬上設定新的目標，然後開始在新的征程上努力。高爾基說：「一個人追求的目標越高，他的才能就發展得越快，對社會就越有益。」因此，人要想獲得更高的人生價值，就需要不斷地追求更高的理想，在遠大理想留下的巨大空間下，充分挖掘自己的潛能，激起心中的渴望。

不要把目標變成白日夢

在二戰期間，一個年輕的戰士在戰場上學會了一件事，那就是將想法付諸行動，在行動中實現理想。

當時，戰事情況不明，沒有人知道戰爭將持續多久。他整天都在憂慮自己的安全，害怕自己命喪此地，因此，他患上了腸痙攣。和戰爭的血腥與殘酷相比，疾病帶給他的痛苦更加真實而迫切。

在生病的同時，他還需要每天完成自己的工作。他的工作就是到戰後燒焦的土地上蒐集士兵的屍體和物件，然後將個人資訊登記在案，以便送回後方，留給士兵的家人或者親人。在

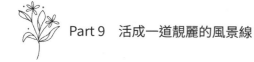

他被身體的疼痛和耳邊的炮火折磨得憔悴不堪時，他最擔心的還是自己的生命。

他害怕被流彈擊中大腦，害怕被炮火掩埋，害怕再也見不到妻子和不滿一週歲的兒子。他時刻渴望著健康和生存，為此他整夜失眠，擔驚受怕。在巨大的心理壓力之下，他被送到了醫院，接受醫生的全面治療。

最後，當他來到精神科時，醫生對他說：「很顯然，你的身體沒有病變，一切症狀都是由你的精神狀態引起的。」醫生請他坐在窗前的沙發上，然後對他說：「或許，你可以試試我這個建議。我們不妨把每天的生活比喻為一個不停流逝的沙漏。那麼，沙漏下面的沙子代表我們已完成的事，上面的沙子代表未完成的事。沙漏雖然在不停地流逝，也是一粒一粒地漏下去的，我們不也應該一件事一件事地，慢慢地朝著心中的理想行動嗎？」

聽過醫生的一番話，他幡然醒悟了：他每天的憂愁本身就是毫無用處的，既不能馬上付諸行動，還會影響當下的狀態，不如先做好眼下的事，慢慢朝著目標行進。

從醫院回來後，他每天都在回想醫生的話，尤其當他在戰場上蒐集烈士的屍體時，他都在用沙漏的故事來提醒自己。不知不覺地，他恢復了健康，腸痙攣的毛病消失了，他也不像之前那樣沮喪了。當盟軍對德軍的反攻勝利後，他知道自己很快就可以回家，可以見到妻子和兒子了。

有一句話說：「一張地圖無論多麼詳盡，也無法幫助他的主人前進一步。」當我們擁有了目標，對目標進行了適當的規劃之後，我們需要做的是什麼呢？是行動！倘若我們僅僅是坐在椅子上，憑空想像著理想、計劃、未來，成功是不會自己跑來找我們的。只有一點一點地行動才能讓頭腦中的想法變成現實。否則，無論多麼誘人的目標都會變成一場白日夢。

　　其實，實現理想並不難，重點是有的人甚至不曾去想，想過的人又不敢去做。不曾去想的人每天渾渾噩噩地度日，不敢做的人則前怕狼後怕虎，擔心失敗，害怕風險。所以，這些人最終都一事無成。

　　當一個人敢想敢做的時候，才能將自身的才能發揮到極致，全速地前進而放下後顧之憂。那些在晚上想一千條路，早晨起來原地踏步的人都是庸才。如果你決定要做什麼，馬上就行動吧。每一天都努力一點，才能在行動中實現理想。

「兼聽則明，無主則亂」

　　春天到了，老鷹在森林的高處找到了一棵粗壯的樹木，它又高又大，長得枝繁葉茂。老鷹對這個築巢點滿意極了，於是決定在此定居下來，為即將到來的繁殖做準備。

　　住在洞穴裡的鼴鼠聽到了這個訊息，壯著膽子向老鷹建議說：「這棵樹並不是一個理想的選擇，它的根馬上就要爛光了，隨時都會倒掉。聽我的話，你還是到別的地方築巢吧。」

　　老鷹看著趴在地上眼睛很小的鼴鼠說：「我知道如何選擇巢穴，不需要你來提醒。」

　　鼴鼠說：「我是真誠地提醒你，這棵樹隨時都會倒掉的。」

　　聽著鼴鼠的話，老鷹越發地不高興了。它在空中盤旋著，對鼴鼠吼道：「不要再囉唆了，你這個生長在泥土裡的傢伙，小心我把你扔到天上去。」

　　老鷹把好心的鼴鼠嚇跑了，然後開始動手築巢。幾天後，它產下了卵，並開始孵化幼鳥。很快，幼鳥破殼而出，一個個大聲地叫著、喊著要吃東西。老鷹每天飛來飛去，辛苦地餵養著巢裡的小傢伙。

　　一天早晨，老鷹再次出門覓食，在回來的路上，被一場突如其來的暴風雨擋住了去路。當暴風雨過去，老鷹急急忙忙地趕回家時，卻發現築巢的那棵大樹真的倒掉了，巢穴中的幼鳥也摔死了。

　　看到破敗的巢穴和幼鳥的屍體，老鷹傷心地離開了。此時，躲在洞中的鼴鼠說：「說我是住在泥土裡的傢伙！正是因為我每天都在地底下打洞，每天在樹根身邊經過，它是好是壞，沒有誰比我更清楚了。」

任何人都有短處，也有長處。無論他是一名普通的工人，還是一位企業的管理者，都有值得借鑑和贊同的地方。即使我們的能力再強，也不能自以為是、目空一切，不聽他人的勸告。所謂尺有所短，寸有所長，一個人的雄才偉略，在他人看來可能是微不足道的一件小事。所以說，虛心聽取他人的建議永遠都不會錯。

　　但是，聽取他人的建議時，也需要充分考量自身的想法。不能完全按照他人的方式來安排自己的生活。所謂聽人勸不代表跟人走，他人的建議只能用來潤色我們的決策，在原本有瑕疵的地方進行填補。在關鍵的時刻，我們依舊要堅持自己，按照自己想要的方式工作和生活。

　　很早以前的歐洲，當地人認為番茄是有毒的，所有人都不吃番茄，並且對其避之不及。

　　有一天，一個小男孩在野外看到了番茄，樣子特別誘人，看得他都要流出口水了。他想，這一定是某種美味的東西吧，於是他想要摘一個嘗一嘗。這時，身邊的人告訴他說，它是邪惡的，是有毒的東西，不能吃，吃了會死人的。

　　男孩聽從了大人的建議，沒有去碰那顆番茄。回到家後，他開始想念那顆番茄，連做夢都會夢見它。他想，那麼誘人的小東西，應該不會有毒的。一天晚上，他一個人偷偷地跑到了野外，摘下了心儀已久的果實。一口咬下去的時候，他心裡緊

張極了，擔心它是苦的，或者酸的。當果肉和果汁充盈在口腔時，酸甜的滋味湧上了舌尖。「真好吃！」他在心中發出了由衷的感慨。

嘗過番茄的美味之後，小男孩回到家中準備睡覺。雖然他也在擔心番茄會奪走他的生命，但是美妙的滋味早已勝過一籌，占據了他的腦海。第二天醒來，他一點問題都沒有，還像往常一樣活蹦亂跳的。於是，他將自己的體驗告訴了身邊的人。大家將信將疑地去嘗試，發覺番茄果然是一種美味的果實，後來，它就成了大家餐桌上的食品了。

魯迅說過：第一個吃螃蟹的人是最勇敢的。其實，在第一個人吃螃蟹之前，一定有許多人考慮過，甚至想要嘗試一下，不過都因為他們聽從了他人的意見，認同了「螃蟹是有毒的」「螃蟹肉會讓人生病」之類的想法，從而錯過了「敢爭天下先」的機會。

在生活中，我們要適當地採納他人的建議，同時也要堅持自己的主見。所謂「兼聽則明，無主則亂」。過分依賴他人的想法，做什麼事都沒有自己主見的人，就只能變成牆頭草。

有自己主見的人不會盲從，更不會在自己的構想上朝令夕改。他們認為自己能行，所以該做什麼就做什麼，拒絕活在他人的影子裡，而且堅信自己的理想，一往直前去尋找目標，為了自己想要的生活而努力。

Part 10
以強大的自我迎接挑戰

　　無論是堅持還是放棄，都需要付出雙倍的勇氣。在人生的路口上，堅持到底是一種值得稱頌的精神，斷然放棄同樣值得尊重和敬佩。

永不放棄！

你走在馬路上，很明確地朝著前面的方向前進，可是，走到一個路口時，突然發現了許多條路，有的從左邊延伸開去，有的從右側一直鋪開，向前看茫茫一片，向後看身影斑駁，這個時候，你要怎麼辦？是繼續勇敢地前進，是止步不前，還是乾脆拖著疲憊的身體原路返回？

在人生路上，前方的未知是任何一個人都無法抗拒的，艱難的抉擇也是每個人都會遇到的。當我們遇到困境時，或者被艱難的現狀折磨得體無完膚時，真的想說：「乾脆算了，怎樣不都是人生嗎？」當然，也會有另外一個聲音說：「難道這樣的困難你就被嚇跑了嗎？你的理想呢？你的追求呢？」

人生路上的困難有很多種，有的像一顆圓滑的鵝卵石，輕輕一邁就過去了；有的像薛西弗斯的巨石，需要神力的幫助才能推動；有的困難甚至沒有解決之法，求助於人也是無濟於事，只能默默地忍受……面對這些情境、這些困難，人窮其一生都在不停地做這樣那樣的決定：向左還是向右；要強還是認輸；堅持還是放棄……

桃麗絲在她二十七歲時，遭遇了人生中最痛苦的事。她的哥哥從戰場上歸來，帶著一條殘缺的腿。哥哥每天非常痛苦，需要注射嗎啡才能減輕疼痛。為此，她每隔三個小時就要為他

注射一次，無論白天還是晚上。

　　每次給哥哥打針時，她都會為男友祈禱。她希望男友不要遭受哥哥這樣的命運，每天陪伴他的不要只有孤獨和痛苦。可是，兩個星期後噩耗傳來，桃麗絲的男友戰死沙場。正如桃麗絲祈禱的那樣，他真的無須遭受像哥哥這樣的痛苦，卻從此再和快樂、幸福無緣。

　　從小和哥哥相依為命的桃麗絲，一下子就陷入了人生的困境。此時，她剛剛到鎮裡的中學教授音樂課，面對陌生的環境和調皮的學生，她毫無辦法。男友的去世和哥哥的病情，成為她憂心忡忡的原因。

　　有時候，上課途中，桃麗絲就會接到鄰居的電話，因為他們聽到哥哥痛苦的叫聲。桃麗絲馬上放下手頭的工作，趕回家給哥哥打針，然後再返回學校繼續上課。有時候甚至連續一個星期，她每天需要往返家和學校三四次。辛苦的奔波讓原本脆弱的桃麗絲變得更加絕望了。她曾經一度想過自殺，或者拋棄哥哥離家出走。

　　在她最苦悶的時候，哥哥的冰淇淋給了她希望。哥哥知道桃麗絲從小喜歡吃冰淇淋，當他的腿不那麼疼的時候，他就將牛奶放在窗外，讓它結冰，然後做成妹妹最愛吃的冰淇淋。每當鬧鐘響起，桃麗絲會先為哥哥打針，然後享受窗外美味的冰淇淋。

為了不去想那些煩惱的時候，桃麗絲讓自己變得更加忙碌起來。除了每天為學生上課之外，她還申請了社群的兼職，這樣，原本每天只有八個小時的音樂課變成了十二個小時。忙碌的生活讓桃麗絲沒有時間想什麼是痛苦，什麼是傷心。當她感到難過時，她還會一遍一遍地對自己說：「我要一直向前走，只要我還能走路，還能吃飯，也沒有患上大病。我就已經是世界上最幸運的人了。」

　　八個月後，哥哥的腿傷痊癒，安上了義肢，還在社群醫院獲得了一份工作。桃麗絲和學校的一位體育老師戀愛了，生命又重新恢復顏色。不過，桃麗絲還是會懷念那個時候的自己，「在我遭遇困境的時候，我變成了整個鎮上最勇敢、最堅強的女人」。

　　那些從過去失敗或痛苦經歷中走出來的人，都習慣用「我學會了堅持」「我沒有放棄」解讀當時的舉動，事實上，這樣的話並非真相。他們只是在當時的處境中對困難做出了自己的選擇 —— 堅持，如果最後證明這一判斷是正確的，當事人便可以雲淡風輕地談論當時的感受。

　　其實，困難的並不是選擇的那一剎那，而是為了這一選擇而付出的人生。如果你選擇了堅持理想，就可能過上幾十年，甚至一輩子的清苦生活，同時失去平庸之下富足的日子和安逸的生活。如果你選擇了本分，做一個安於現狀的人，也可能一輩子都在為曾經那個不敢嘗試的夢想揪心。

　　無論是堅持還是放棄，都需要付出雙倍的勇氣。在人生的路口上，堅持到底是一種值得稱頌的精神，黯然放棄同樣值得尊重和敬佩。不過，堅持到底的聲音常常更讓人振奮，更讓人看到前方的光明。

　　1940 年，歐洲的戰事正激烈。倫敦被德國轟炸後，整個英國都沉浸在悲傷、憂鬱的氣氛中。1941 年 10 月，時任英國首相的邱吉爾在劍橋大學做了他一生當中最精彩的演講，也是他在二戰期間的最後一次演講。

　　那是劍橋大學的畢業典禮，校長本想請邱吉爾先致辭，邱吉爾卻說：「不，我打算到畢業典禮結束前二十分鐘再講。」當典禮進行到最後二十分鐘時，邱吉爾登上主席臺，從容地脫下大衣，摘下帽子，默默地注視著臺下的幾千名學生。一分鐘後，他只說了一句話：「Never Give Up（永不放棄）！」在幾分鐘裡，他不斷重複著這句話，告訴所有人，不要放棄。隨後，邱吉爾穿上大衣，戴上帽子，大步離開了會場。

　　一時間，整個會場鴉雀無聲，幾分鐘的寂靜之後，學生們才回過神來，一時間掌聲雷動，大家紛紛站立起來，熱淚盈眶，目送著遠去的首相。

　　演講的第二天，英國所有的報紙頭版都引用了這句話。這句話讓感到迷茫的英國民眾重新看到了希望，成為英國戰勝法西斯的民族精神。

迷路時，真正的旅程才開始

當我們在人生道路上奮勇向前時，總有那麼幾個時刻我們突然發現，「我迷路了」。迷失道路時的我們，一時間看不到自己的所在，也看不清腳下的道路，好像變成了升空的風箏，飄飄然落到遠方去了。

迷路的確是一次痛苦的經歷。人生路上有很多岔口，有岔口就意味著有很多的選擇。一旦外界的環境，比如名利、掌聲或者困境影響了我們的內心，我們難免會迷失原本的自我，偏離原本的人生軌道。

從另外一個角度看，迷路並非一件壞事。美國詩人貝裡說：「當我們不再知道該怎麼做，真正的工作才會開始，當我們不再知道該走哪一條路，真正的旅程才會展開。」有時候，承認自己正陷入迷霧，正走在一條迷失的道路上，我們才能更清晰地看見身邊的世界，並且試圖弄清楚自己的具體位置。

薛剛是一名從事電子產業的工程師，畢業後一直想要在電子產業有所作為，可是在這個產業摸索了幾年之後，他卻越來越不知道自己的未來是怎樣了。

從學校出來後，作為一個沒有任何工作經驗、實際的動手能力也不強的新人，薛剛只找到了一家小公司，沒有任何保障，薪資也很低。從事研發的只有兩三個人，都是像薛剛一樣

的應屆畢業生。硬著頭皮摸索了半年後，他覺得工作很吃力，於是換到另外一家公司。

這家企業能夠為員工提供良好的培訓和職業規劃。薛剛欣喜地感覺到他的人生準備正式起步了，於是他更加努力，培訓的課程無論是基礎知識，還是實踐操作，他從來都沒有缺過課。

可是，好景不長，金融危機的到來阻斷了公司的通路，也影響到了公司的培訓課程。公司為了節省開支，像薛剛一樣不滿一年的新員工要麼被裁掉，要麼被分配到其他部門。薛剛躲過了被裁員的命運，卻被分配到一個文職部門，從此再也沒有設計研發可以做了。

薛剛再一次進入了兩難的境地。畢業快四年了，沒有真正學到什麼東西，也沒有真正設計完成什麼作品，兜兜轉轉地又回到了原點，未來的道路不知何去何從。

其實，像薛剛這樣的例子還有很多。許多畢業生都是帶著頭腦中美好的人生規劃進入工作的，可是，生活中難免有些障礙會阻礙我們對美好的追尋。於是，我們開始感到迷惘，開始對自己的未來感到茫然，開始徘徊在生命的十字路口，不知道下一個方向在哪裡。

當我們為了「我為什麼迷路」「我怎麼可以迷失方向」這樣的問題苦惱時，不如乾脆承認，「我正走在一條迷失的道路上」。我們唯有先為自己的處境找到合適的定位，才能擁有重獲方向的途徑。

　　每個人都曾經迷路，而眼前的迷霧只是暫時的。如果我們能放開胸懷，坦然接受眼前的一切，或許最後就像德索薩說的那樣「到最後，我豁然領悟，這些障礙就是我的生活」。

　　在汪洋的大海裡，有一隻不甘平庸的蝦。它看到紅蟹身上的顏色特別漂亮，在太陽底下還泛著光，很是羨慕。於是，蝦問紅蟹說：「我怎樣才能像你一樣穿上一身紅衣服呢？」紅蟹告訴它說：「這個簡單，你只要常常跑到沙灘上晒晒太陽，當強烈的陽光照耀著你的脊背時，就會呈現出好看的紅色了。」蝦聽後興奮不已，一個跳躍就到了沙灘上，學著紅蟹晒起了太陽。結果，它被太陽晒死了。

　　有時候，我們也和那個羨慕人家紅色脊背的蝦一樣，因為對美好的追尋、對榮譽的嚮往，偏離了屬於自己的人生道路，迷失在一片熾熱而傷人的沙灘裡。

　　《穿 PRADA 的女王》被印度翻拍時，原本時尚雜誌編輯部的故事變成了模特和伸展臺的故事。

　　一個來自鄉村的姑娘不顧家裡人的反對，獨自一人來到了孟買。她的夢想是成為世界名模。在孟買，她沒有錢，沒有背景，更沒有人際關係，一個模特的夢想看起來是那麼脆弱。

　　經過了給當紅模特做陪襯的日子，經過了在時尚聚會上的點綴生涯，經過了遭遇困難和被人奚落的過程，最終，一個有錢人的賞識讓她實現了自己的夢想，成為模特界的 NO.1。與此

同時，她在默默努力的過程中，也收穫了青澀的愛情，認識了一群真誠的朋友。

可是，當她開始享受成功時，卻漸漸迷失了人生的方向。為了事業，她拋棄了愛情，背叛了朋友，成為有錢人的情人。當她在繁華、美艷中頭暈目眩時，她卻開始陷入了爭寵、嫉妒的漩渦。

當她失去一切回到了鄉下的家中的時候，家人接納了她，給她鼓勵和支持。這時她才明白，只有家人才是最重要的。在家人的鼓勵下，她重新找回了自己，並且重新回到了伸展臺，實現了自己的理想，成為世界名模。

迷失道路是如此的容易，但原諒自己和找回自己總是難上加難。幾乎每個人都要經歷一段過程，或許是剛剛接觸一個全新的世界時，或者是在遇到了工作上的困難時。不過，這都沒有關係，迷路只是暫時的，迷霧總會散去，太陽照常升起。

自信需要一點一滴地累積

有一位能力超強的保險業務員，用了五年的時間，從一個對保險一無所知的門外漢，成為保險公司的大區經理。他的所有成就都來自頑強的自信心。

他的自信心來自生活中的每一個細節。每天早晨出門前，他都會在衣櫃裡選出最得體的一套西裝，然後在鏡子前整理好自己的妝容，檢查皮包和鞋子的整潔度，對著鏡子說：「你是最棒的保險業務員。」

　　面對潛在客戶時，他喜歡用肯定的語氣推薦公司的產品，以此證明自己的專業性。事實也的確如此，他用所有的業餘時間來研究保險的業務清單和保險行業的發展，在充分準備的情況下，針對客戶的要求提出自己的建議。

　　當他最終成為行業內的菁英，到各個分公司舉辦培訓和演講時，很多人都問過他這樣的問題：「是什麼讓你取得現在的成績？」他回答說：「在每一個細節上的自信。」

　　自信心，可以在言談舉止中給人帶來力量，也可以在平凡小事中給人希望。在平常的工作和生活中，沒有許多大事的肯定來增強我們的自信心，於是我們需要循序漸進，透過每一次的小進步，來保持自信的狀態。

　　前通用的 CEO 威爾許曾有句名言說：「所有的管理都是圍繞『自信』展開的。」憑著自信，威爾許在擔任奇異公司執行長的二十年中，顯示了非凡的領導才能。但是，他並不是從小就擁有了作為領導者的自信，而是在後天的成長中，一點點累積起來的。

　　威爾許個子不高，而且患有口吃。因為說話口齒不清，所

以經常鬧笑話，身邊的朋友都嘲笑他。為此，威爾許的媽媽鼓勵他說：「這是因為你太聰明，沒有任何一個人的舌頭可以跟得上你這樣聰明的腦袋。」於是，他從小一直相信：我的大腦轉得比別人的舌頭快。在這一信念之下，威爾許從來沒有在意過這一缺陷，相反，他卻常常自信地覺得自己是班裡最聰明的小孩。後來，當威爾許任職通用時，甚至有人對威爾許開玩笑說：「傑克真有力量，真有效率，我恨不得自己也口吃。」

讀小學時，威爾許像所有的男生一樣酷愛體育運動。雖然個子矮小，他卻報名參加了籃球隊。他的身高只有其他隊員的四分之三，但這絲毫沒有影響他的運動熱情。因為媽媽曾經對他說過：「你想做什麼就儘管去做好了，你一定會成功的！」威爾許在籃球隊裡度過了愉快的小學時代，直到幾十年過去，他才從當初的球隊合影中看到，原來自己是整個球隊中最弱小的一個。

我們常常會看到一種人，一個長得並不算美的女子，或者個子並不夠高挑的男子，遠遠地走過來，一眼看上去卻給人一種美的感受，有時甚至讓人驚豔。其實，美麗正是來自本身的自信。

的確，自信是一種內在堅強的內在反應，也是一種日常修養的良好再現。當我們每天對著鏡子說「你真棒」時，內心的變化一定會展現在臉上，讓整個人看起來意氣風發，朝氣逼人；

相反地，如果每天對著鏡子說「我為何這麼醜」，時間久了，原本自信的人也會漸漸頹靡，自此消沉下去的。

聰明的人，能夠將生活中的每一次機會都拿來培養自信，讓自己時刻活在一種自我激勵的良性循環中，不斷對自己的認知進行積極的定位和評價。只有這樣我們才能永遠向著陽光，永遠帶著一顆堅強而自信的心，快快樂樂地生活。

神經不妨大條一些

所有人都重視別人對自己的讚美，當有人對自己說好聽的話時，都會不自覺地心花怒放。可是，無論一個人是否具有強烈的自尊心，都不會願意聽見批評自己的話。比如同事有一天告訴你說「你的褲子太小，顯得屁股很大」，或者老闆突然找你談話，告訴你說「你的頭腦不夠靈活，根本沒有做股票的天賦」，任何人心裡都會不好受的。

但是，這些批評往往基於一個已經存在的事實，比如你真的很胖，或者你的工作業績的確很差。批評的內容雖然是否定的、負面的，我們仍然需要面對的批評，因為它們往往很中肯，而且一針見血，讓我們有機會了解自己的不足，從而努力改正。面對批評，神經不妨大條一些。

喬是一家網路公司的電腦專家，也是技術部的主力。公司中關於電腦硬體、軟體的大小事情，都要請求他幫忙解決。因此，公司裡每一個人都對他推崇有加。可是，年終績效評估後，他卻悄悄地離職走人了。

原來，由於同事們對他的依賴和讚美，他開始享受這種被人擁戴的感覺，忽視了自身的缺點，也放任了自身的懶惰。當交給他的專案沒能按照規定的時間完成時，喬總是會推脫說：「我在幫助小王的時候耽誤了時間。」「每天都有許多事情找我，沒法專心啊！」如果沒有主管監督，他甚至會在上班的時間打網路遊戲，還美其名曰：勞逸結合。

在年終績效考核時，喬的懶散和拖延的毛病被人事經理提了出來，專案經理非常生氣，他對喬說：「我很抱歉看著你從一個電腦專家變成了一個懶漢，如果繼續下去的話，你可能會變成一個徹底的笨蛋。」專案經理扣發了喬的年終獎金，並要求他利用聖誕假期的時間將剩餘的專案完成。始終被同事稱讚的喬從來沒有受過如此嚴厲的批評，一氣之下，他決定辭職走人。

其實，當他人在批評我們時，往往是針對具體的某一件事，而不是個人。就像我們在批評他人的時候，如果不是惡意的人身攻擊，那就只是針對某一件事的看法。所以說，當別人批評我們時，如果不是無理取鬧，我們大可不必像喬那樣衝動行事，為了受到傷害的自尊而感到憤怒。在回應批評之前，或

許我們可以耐心地讓自己平靜下來，仔細地稽核一下這個批評的價值，然後再做決定。

墨瑞是一家製造公司的銷售經理，手下帶著一個偌大的業務部，幾十號人的員工團隊。始終自信滿滿的墨瑞一直對自己嚴格要求，從來沒有被上司挑過毛病。可是，新來的營運經理卻告訴墨瑞說：「你的交際能力不夠強，根本無法和潛在客戶打成一片。」

墨瑞的第一個反應就是上司無理取鬧，而且這個意見既淺薄又空洞，根本毫無說服力。不過，這個批評畢竟是墨瑞任銷售經理以來受到的最嚴重的批評，事後好長一段時間，墨瑞都陷入否認和鬱悶的狀態之中。

反思了一段時間後，墨瑞最終改變了原本的看法。雖然他很不情願承認，但是他已經不把上司的話想像得那麼令人痛苦了。至少，上司的話提醒了墨瑞，讓他看到了一個自己忽略掉的地方。他問自己說：「交際能力對我目前的工作很重要嗎？」「我是否願意為了工作，讓自己勉強地出現在社交酒會？」思考過後，墨瑞終於明白了：如果要完成新一年的銷售計劃，到各種社交場合挖掘客戶是必不可少的；但是他又不願意委屈自己的性格，讓自己變成一個善於交際的人。最終，墨瑞遞上了職位調動申請，換了一個不需要善於交際，同樣得心應手的工作。

俗話說，良藥苦口，忠言逆耳。批評的話說得再委婉，依

舊會讓人感覺心裡難受。大多數人也像墨瑞一樣，第一個反應就是否定，無論對方的評判有沒有道理，都認為那是無中生有，甚至是針對個人的挑剔。還有一種反應就是直接用行動表示憤怒，抬腿走人。

面對批評，我們不需要馬上做出回應，或者馬上表達自己的態度。將批評接受下來，然後慢慢地思考其中的道理。如果對方說得有理，大可細緻分析其中利害，然後做出理智的決定。如果對方的批評純屬無稽之談，將其扔到一邊就好，何必理會它呢？

以平常心面對挫折

人生的道路漫長而曲折，一生當中也充滿著成功和失敗。順境和逆境、幸福和不幸，往往都是同時存在、相容並包的。順境常常讓人感到欣喜和高興，逆境也不是一定悲傷和痛苦。笑對失敗，帶著一顆輕鬆、隨意的心態看待生活中的挫折，或許比成功帶來的喜悅更加難得。

拿破崙‧希爾的十七條成功法則中，有一條就叫做「笑對失敗」。因為他深信：「失敗」是大自然對人類的嚴格考驗，它藉此燒掉人們心中的殘渣，從而使人類這塊「金屬」變得更加純淨。

狄摩西尼是古希臘最有名的演說家。人們都稱讚他知識淵博、口才好。因此，狄摩西尼的每次演說，都能征服聽眾的心。可是人們並不記得，這樣一位出色的演說家，曾經是一個說話不流利、發音不標準的口吃者。

　　狄摩西尼從小就喜歡學習，對各類知識都頗有興趣，他的願望就是成為一名演說家。可是，當他第一次登上講臺時，原本平靜的聽眾一下就躁動起來。人們大聲地批評著這位口吃的演說者，有的人甚至大聲喊著：「下去，下去！」

　　狄摩西尼知道自己失敗了，可是他沒有灰心，相反，他下定決心一定要克服自己的弱點，成為一名優秀的演說家。

　　為了訓練自己的聲帶和肺活量，狄摩西尼每天早晨會上山跑步，用一邊爬山一邊呼喊的方式練習演說。爬到山頂時，他還會將樹木和山林當成觀眾，對著空曠的遠方大聲地演說。除此之外，他還經常去看話劇，認真地研究演員在臺上表演時的姿態、手勢、神情。回到家中練習時，他就模仿演員的動作，在演說中注入自己的感情。

　　他在糾正口吃毛病的同時，也沒有忘記繼續看書學習，累積各種知識。與之前的默讀不同，德摩斯梯尼選擇了朗讀的方式，將書本的內容高聲地讀出來，一遍又一遍，直到讀得口齒清楚，發音正確為止。

　　當德摩斯梯尼再一次登臺時，他的聲音洪亮、口齒清晰，

完全征服了臺下的聽眾。當他演說結束時，全場掌聲雷動、熱烈歡呼。狄摩西尼也從一個口吃者變成了一個富有魅力的演說家。

可以說，成功對每個人來說都是一件幸運的事，失敗對每個人來說卻是一件普遍的事。成功地完成一部作品，成功開發出一個軟體，成功地學會一門外語，都是在經歷了無數次失敗後的所得。因此，在迎接成功之前，我們更應該學會笑著面對失敗。

談遷是中國明清時期的歷史學家。他從二十九歲便潛心著書，歷時二十七年，終於完成了《國榷》這部五百萬字的鉅著。然而一天夜裡，他家遭遇小偷光顧，丟失了許多名貴物品不說，《國榷》的書稿也不幸丟失了。幾十年的心血毀於一旦，談遷肝膽欲碎。

不過，他並沒有在悲傷和抱怨中度過餘生。不久後，談遷冷靜下來，又從頭開始寫起。九年後，他終於寫成了這部傳世鉅著。這一次，書稿比前一次更加完美。

無法接受失敗的人，往往因為他們過於脆弱，糾結於過去的所得和擁有，不願意接受失敗的事實。否認、逃避、放縱都不是面對失敗最佳的狀態，反而會讓自己始終處在失落的情緒中，無法自拔。其實，如果失敗和成功同樣占有 50% 的機率，我們能滿心期待成功，為何不能笑對失敗呢？

　　許晨畢業兩年後，帶著工作中僅有的一點積蓄，獨自來到了大城市。初來乍到的他，和朋友租住在即將拆除的公寓裡，每天為了工作和生活奔波。一切都是那麼美好，卻又那麼淒涼。

　　找工作屢屢碰壁，生活馬上就要難以為繼，家鄉的父母還在催他回老家，所有最糟糕的事情都碰到了一起。面對在夢想之地的窘境，許晨對自己說：「大不了就回老家，兩年之後再來。」第二天，他接到了一家科技公司的面試邀請。

　　順利地透過了激烈的考核，許晨開始了在大城市的生活。高速的生活節奏和緊張忙碌的工作，讓他每天分身乏術。不過，他仍舊憑藉出色的技術在第一年的年終考核中留了下來。

　　轉眼到了第三年，許晨第二次被列入中層主管的培養名單。上一次因為下屬的失誤，造成了軟體測試時錯誤過量，許晨失去了稽核的機會。這一年中，許晨都在做技術把關，極力地避免重蹈覆轍。同時，他依舊帶著最低的預期心理，對自己說：「大不了再來一年，我隨時都能重新開始。」很幸運，許晨透過了最終的評估，順利升任公司的技術總監。

　　當許晨在工作了十年後，他動了創業的念頭。此時，他剛剛結婚不久，妻子懷孕待產。他和當初一起來到大城市的朋友商量了一番，便開始註冊公司，選辦公室，應徵員工。妻子擔心地說：「金融危機剛過，創業的風險太大了吧？」許晨說：「沒關係，大不了從頭再來，我是兩手空空來到這裡，最多兩手空

空回老家。」

　　兩年後，許晨的科技公司漸漸走入正軌，兩個人的日子也漸漸變成了一個幸福的三口之家。這些都得益於他「隨時準備失敗，大不了從頭再來」的樂觀態度。

谷底中的每一步都是向上

　　他出生在一個普通的家庭，父母以經營旅館為生。大學畢業後，他沒有繼續學業，而是找到了一份在雜誌社的工作。隨後，他懷著成為作家的遠大夢想，開始在報紙上發表文章。幾年過去了，他一直在撰寫新聞和評論類的文章，在報紙的豆腐塊上，盡力壓縮著自己的野心。

　　27 歲那年，他出版了一本評論集《尼采教了什麼》，他在書中詳細地描寫了尼采的生平，並且對尼采的書籍進行評論。可惜，作品出版後反應平平。他既沒有賺到錢，也沒有獲得預期的名聲。他一下子沉了下去，對自己也失去了信心。

　　後來，性格乖張的他被雜誌社開除，從此開始徹底地淪落。他四處求職，卻屢屢吃閉門羹。身上的錢已經花得差不多了，工作卻還沒有著落。就在他越來越潦倒的時候，人生中的災難再次降臨 —— 他病倒了。

醫生說，他的病短期內無法痊癒，需要經過長期的住院觀察。這一次，他徹底絕望了。日子一天天過去，他的病情卻不見好轉。他每天躺在床上什麼都不做，胡亂地思考著過往的二十幾年人生，無論如何都理不出頭緒。有一天，他無所事事，便隨手翻開了幾本推理小說來打發時間。這一看，從此就沉浸其中。

　　兩年後，他病情痊癒，順利出院。在收拾行李的時候他才發現，原來他已經讀了兩千多冊推理小說。在潛移默化的影響下，他開始嘗試自己寫推理小說。不久之後，他就寫好了初稿。他將書稿戰戰兢兢地交給了一位編輯，甚至沒有抱太大的希望。大家對這本書都沒有過多的期待。讓人感到意外的是，這本小說竟然大受歡迎。

　　這本小說就是范‧達因的推理處女作《班森殺人事件》。隨後，范‧達因的創作成為世界推理小說史上的經典鉅著。他本人也因為對推理小說的重大影響，被譽為美國推理小說之父。

　　從范‧達因的經歷看來，貧窮、失業、患病，似乎都不是壞事。許多時候，當人生跌入谷底時，才能夠真正地遠離喧囂，真正地看清自己，知道自己想要什麼，想走什麼樣的路。沉靜地思考過後，我們才能在重新啟程後，不再人云亦云，不再隨波逐流，堅定想要的方向，直到達成目標為止。而這段人生的谷底，就變成了一次轉折，讓人生換上了新的顏色。

喬治‧巴頓說過：「成功是你墜落到底時反彈的高度。」陸游也曾寫過：「山重水複疑無路，柳暗花明又一村。」當我們的能力不再被他人相信，當我們遭遇事業的瓶頸，當我們在一瞬間失去了身邊所有的支持，不用害怕，只需要在難得的沉靜中慢慢地思考，終有一天，我們會找到谷底反彈的機會。在谷底中，每一步都是向上走。

　　1997 年，在外「漂泊」十二年的賈伯斯重新回到蘋果公司，開始挽救垂危的蘋果公司。

　　賈伯斯大膽決斷，將產品的專案從原來的十五種降低到四種，繼而將蘋果重新定位為家庭電腦。當時，蘋果公司正控告微軟侵權，兩家在這場官司裡耗損巨大。賈伯斯以公司的前途為首要考量，選擇了一條最務實的解決辦法：與微軟和解，從而換取微軟注資蘋果的機會。

　　原本奄奄一息的蘋果公司，經過賈伯斯的管理後，漸漸有了起色。一年後，蘋果公司推出 iMac 產品，上市後在美國和日本熱賣，成為賈伯斯回歸後最漂亮的一仗。自此，蘋果不僅度過了財政危機，也讓原本市值不足 20 億的公司上升至 520 億。隨後，賈伯斯推出了 iPod 和 iPhone 產品，不僅讓消費者眼前一亮，更讓蘋果品牌成為年輕人心目中的首選產品。

　　回想當年，賈伯斯曾因經濟原因未能唸完大學，在工作期間只能住在朋友家的車庫；開創蘋果初期，他和朋友沒日沒夜

地工作,每個星期工作 66 個小時。直到公司遭遇經營瓶頸,他本人也被領導層掃地出門。

在人生中最困難的一段時期,賈伯斯才開始真正地思考,我到底想要什麼?思慮再三後,他覺得自己還是喜歡電腦,喜歡在一段段程式編碼中創造奇蹟的感覺。於是,他重新開創新公司,繼續在電腦領域尋找機會。

其實我們每個人都一樣,無論是天才還是偉人,都有人生跌入谷底的時候。同樣的,每個人都有谷底反彈的機會。重點是,當我們走入困境時,永遠不要忘了問清楚自己,到底想要什麼。如果每一次的挫折和困境都能讓我們更了解自己,我們是不是更要珍惜陷落的機會呢?

錯過太陽,不要再錯過群星

艾倫是一個多愁善感的小男孩,他常常為了自己犯的錯自怨自艾。他總是想:「如果我考試前多看點書,那該有多好啊!」「如果我從來沒有說過傷害艾美的話,那該有多好。」「如果去年夏天我沒有生病,就能夠跟隨姑媽到夏威夷過暑假,那該有多好。」

一次,艾倫在實驗室裡打碎了一個培養皿,雖然沒有造成

危險，他卻陷入了深深的自責裡，悶悶不樂好幾天。給艾倫上實驗課的老師鮑勃觀察到艾倫的反常，於是他在實驗室裡給艾倫上了一堂「人生教育課」。

鮑勃在桌子上放了一瓶牛奶，艾倫沒有猜到他的用意。突然，鮑勃將牛奶倒進了水槽中，然後對艾倫說：「不要為了打翻的牛奶而哭泣。」接著，鮑勃將艾倫叫到水槽邊，說：「你看，現在牛奶已經漏光了，你即使再著急，再抱怨，也不能讓它回來。我們應該做的就是將它忘掉，然後去想別的事情。」

在以後的人生中，艾倫雖然遇到了許多比鮑勃更優秀的老師，卻始終記得他說的話：「如果你能事先預防，就不要讓牛奶打翻；如果牛奶已經翻了，就試著將它忘記。」

「不要為了打翻的牛奶而哭泣」，這是一句古老的英國諺語，講的正是不要為了過去無法改變的事而惋惜，更不要沉浸在對過去的悔恨中，不停懊惱。

莎士比亞說：「聰明的人永遠不會坐在自己的失去上獨自悲傷，他會高興地去尋找治癒創傷的辦法。」對於過去的失誤、過去的坎坷，糾纏不如忘記。如果始終停留在過去的陰影中，當下的美好生活也要變成虛妄了。正如泰戈爾所說：「如果你為了錯過太陽而哭泣，那麼你將錯過群星了。」

徐浩哲用長達三年的孤獨行走，擺脫了折磨他十幾年的夢魘，最後終於忘掉過去，勇往直前地開始了他的新生活。

　　徐浩哲決定出走時，他已經成為丈夫和父親。不過，美滿的婚姻並沒有讓他走出自責的深淵，同時，對於家庭的責任感也讓他覺得更加痛苦。一切痛苦，都來自多年前的那起車禍。

　　那年徐浩哲二十歲，剛剛拿到駕照的他，開著爸爸的車子飛快地行駛在公路上。初次上路，激動興奮的心情讓他忽視了路面的情況，當兩個小女孩從公車後方走出來時，他根本沒有看到。事情發生後，他在看守所待了兩個星期，等他趕到醫院時，一切都來不及了。

　　從此以後，他陷入了深深的自責中，無法面對死者的家屬，也無法面對以後的生活。一段時間，他每天都被內疚和自責折磨著，把自己關在房間裡不見任何人。

　　好朋友的妹妹敏之在車禍後給了他極大的關懷，並且願意陪著他留在外地工作。最後，他們結婚了。可是，車禍的內疚和自責依舊如影隨形，他知道，因為對過去的耿耿於懷，他忽視了眼前的幸福，對妻子和孩子的關懷也不夠。但是他沒有辦法控制，就像他無法控制因為憂鬱而不斷飆升的體重一樣。

　　徐哲浩決定開始他的旅行。他想出去走走，給自己的靈魂找一個落腳之處。本來擔心妻子會覺得他的想法太瘋狂，沒想到敏之非常支持他的決定，並且主動幫他準備路上需要的裝備和食物。

　　他沒有做出行計劃，只拿著一張地圖，開著車就出門了。

在遠離高速公路的鄉村小路上，他遇到過斷水的難題，也遭遇到風沙瀰漫的天氣。長路漫漫之中，他有時候甚至希望迎頭過來的車輛將他撞死，讓他能夠徹底地解脫。

三年中，徐哲浩只有過年的時候回過家，其他時間都在路上。他像一個浪子一樣將自己放逐在廣袤的大地上，感受孤獨、無助和內心中翻騰的故事。他甚至想，就這樣一直走下去吧，走到老，走到死。

突然有一天，他想起了家中剛滿五歲的兒子。也許他會在旅途中因為飢餓或者疾病而死掉，徹底從那個遙遠的噩夢中解脫出來。可是那時候，敏之會因為失去丈夫而受到傷害，兒子會因為失去父親受到傷害，所有的家人都會因此而生活痛苦。為了不再給身邊的人帶來痛苦，徐哲浩決定回家。他要健康樂觀地活下去，為了自己的親人，更為了那些死去的人。

每個人的人生路都不會是坦途，我們有時會遇上順境，有時也會遇上逆境。即使是擁有大智慧的人，也會遇到不好解決的難題。我們要勇敢接受逆境的考驗，學會積極地面對挫折，將阻礙和逆境都當成一種生命的過程。酸甜苦辣都有了，生命才真正開始豐盈。

電子書購買

爽讀 APP

國家圖書館出版品預行編目資料

樂觀主義的力量，用心理學提升自我效率與健康：從腦海到行動，打造平衡與自信力 / 陳國強 著 . -- 第一版 . -- 臺北市：崧燁文化事業有限公司 , 2024.07
面；　公分
POD 版
ISBN 978-626-394-463-3(平裝)
1.CST: 自我實現 2.CST: 心理學
177.2　　113008654

樂觀主義的力量，用心理學提升自我效率與健康：從腦海到行動，打造平衡與自信

臉書

作　　　者：陳國強
責任編輯：高惠娟
發 行 人：黃振庭
出 版 者：崧燁文化事業有限公司
發 行 者：崧燁文化事業有限公司
E - m a i l：sonbookservice@gmail.com
粉 絲 頁：https://www.facebook.com/sonbookss/
網　　　址：https://sonbook.net/
地　　　址：台北市中正區重慶南路一段 61 號 8 樓
8F., No.61, Sec. 1, Chongqing S. Rd., Zhongzheng Dist., Taipei City 100, Taiwan
電　　　話：(02) 2370-3310　　傳　　　真：(02) 2388-1990
印　　　刷：京峯數位服務有限公司
律師顧問：廣華律師事務所 張珮琦律師

-版權聲明

定　　　價：350 元
發行日期：2024 年 07 月第一版
◎本書以 POD 印製
Design Assets from Freepik.com